Kinder bewältigen ihre Angst

Joachim Armbrust

Kinder bewältigen ihre Angst

So können Eltern helfen

Zum Thema bei Urania:

Joachim Armbrust
Streit unter Geschwistern
So lösen Eltern erfolgreich Konflikte
ISBN 978-3-332-01937-7

Dr. Jo-Jacqueline Eckardt
Kinder im Scheidungsschmerz
So helfen Sie Ihrem Kind durch die Trennung
ISBN 978-3-332-01837-0

Stefanie Glaschke
Unsere Patchwork-Familie
Mit gemeinsamen Übungen fürs neue Familienglück
ISBN 978-3-332-01713-7

Dr. Rolf Heiderich/ Gerhart Rohr
Ohne Angst in der Schule
Probleme erkennen und erfolgreich überwinden
ISBN 978-3-332-02008-3

Jeanette Stark-Städele
Mein Geschwisterchen
Wenn das zweite Kind kommt
ISBN 978-3-332-01712-0

Der Autor:

Joachim Armbrust ist Diplomsozialpädagoge und heilkundlicher Psychotherapeut mit fast 20-jähriger Berufserfahrung u. a. in den Bereichen Erziehungs- und Jugendberatung. Er gibt Seminare zum Thema und führt eine Praxis für Psychotherapie, Paartherapie, Coaching, Mediation und Prozessgestaltung. Nähere Informationen dazu finden Sie unter www.Punkt-Genau-Seminare.de.

Für meine Kinder Paul, Emilia, George und für meine Frau Sabine.

Alle in diesem Buch veröffentlichten Abbildungen sind urheberrechtlich geschützt und dürfen nur mit ausdrücklicher schriftlicher Genehmigung des Verlages und des Urhebers gewerblich genutzt werden.

Die im Buch veröffentlichten Ratschläge wurden vom Verfasser sorgfältig erarbeitet und geprüft. Eine Garantie kann dennoch nicht übernommen werden, ebenso ist eine Haftung des Verfassers bzw. des Verlages und seiner Beauftragten für Personen-, Sach- und Vermögensschäden ausgeschlossen.

Bibliografische Information der Deutschen Bibliothek
Die Deutsche Bibliothek verzeichnet diese Publikation in der Deutschen Nationalbibliografie; detaillierte bibliografische Daten sind im Internet über http://dnb.ddb.de abrufbar.

© 2008 Urania Verlag
in der Verlag Kreuz GmbH
Postfach 80 06 69, 70506 Stuttgart

www.urania-verlag.de

Alle Rechte vorbehalten.

Umschlaggestaltung: Behrend & Buchholz, Hamburg
Titelfoto: Kunterbunt/Heidi Velten
Redaktion: Anke Scheffler, Berlin
Typografie: Grafikstudio Scheffler, Berlin
Druck: Westermann Druck Zwickau
Printed in Germany

ISBN 978-3-7831-6082-6

Vorwort 6

»Erwachsene« Überlegungen zum Thema Angst 7
Was ist eigentlich Angst? 8
Entwicklungsprozesse der Angst 12
Körperliche Reaktionen 14
Die Angstkultur unserer Gesellschaft 21
Formen der Angstbewältigung 24
Die Angst als Freund und Partner 30

Welche Ängste haben Kinder? 37
Wovor Kinder Angst haben 38
Kindliche Verarbeitung von Ängsten 42
Die Welt der Märchen 48
Träume – Albträume 56
Kinder offenbaren sich 61
Die Angstlust 66

Die Entstehung kindlicher Ängste 69
Was hat Kultur mit Angst zu tun? 70
Entwicklungsbedingte Ängste 76
Erziehungsbedingte Ängste 92
Schulangst 98

Die Rolle der Eltern 105
Produktiv: Auf Ängste eingehen 106
Kontraproduktiv: Angstvermeidung 111
Verlassenheits- und Trennungsängste 114
Aufgaben und Hilfen für Eltern 121
Mut tut gut 126

Vorwort

Jeder Entwicklungsschritt, speziell in der Kindheit, wird begleitet von Angst. Allzu oft versuchen wir – die Erwachsenen –, Kinder vor Situationen zu schützen, die ihnen Angst machen. Nicht selten wollen wir uns sogar selbst weismachen, dass die kindliche Welt voller Glück ist und Angstmomente nicht kennt.

Gefühle der Angst zu meiden, sie nicht zuzulassen oder auszureden, führt jedoch nicht dazu, Angst als natürliche Emotion kennen und mit ihr umgehen zu lernen.

Hier sollte aus meiner Sicht elterliche Begleitung ansetzen. Es ist für die Kinder wichtig, sich mit ihren Ängsten auseinanderzusetzen, sie zu verstehen und sich ihnen zu stellen.

Das können sie nur, wenn wir Erwachsenen die Wirklichkeit ihrer Ängste anerkennen, wenn wir versuchen mitfühlend zu verstehen, wie es ihnen in der Konfrontation mit ihren Ängsten geht, und wenn wir sie darin unterstützen, Rüstzeug zu entwickeln, mit dem sie die Angst als Partner akzeptieren und nutzen lernen.

Angst führt auch zu Mut und Stolz, wenn sie überwunden wird. Nicht allein die Ängste der Kinder, sondern auch diejenigen von Lehrpersonen und Eltern werden eingangs in diesem Buch beleuchtet.

Meine wichtigste Frage als Autor lautet also: Wie kann ich Ihnen als Leserin oder Leser am Besten und Nachhaltigsten das Fürchten lehren – und zwar so, dass Sie dabei Sicherheit im Umgang mit den eigenen Ängsten gewinnen?

Leidlich Angst und aufmunternde Leichtigkeit beim Lesen wünscht Ihnen

Joachim Armbrust

»Erwachsene« Überlegungen zum Thema Angst

Angst gehört, wie andere Gefühle auch, zur »Grundausstattung« des Menschen und ist als eine Art »Frühwarnsystem« hilfreich, um kritische Situationen besser zu bewältigen. Was ein Mensch als Angst auslösend erlebt, ist individuell sehr verschieden.

Was ist eigentlich Angst?

Zunächst einmal unterscheiden sich Menschen grundsätzlich darin, wie leicht oder schwer sie »aus der Ruhe« zu bringen sind. Der eine hat das berühmte »dicke Fell« der andere ist ein »nervöses Hemd«. Beides sind umgangssprachliche Umschreibungen dafür, wie leicht jemand erregbar und irritierbar ist. Übertriebene, situationsunangemessene Ängste lösen »Fehlalarm« aus.
Wer Angst hat, braucht Verständnis, oft auch Zeit und Geduld. In unserem Alltag sind diese Qualitäten fast so eine Art Luxusgut. So neigen wir nicht selten dazu, unsere Ängste zu unterdrücken. Angst gilt als feige, hinderlich und lästig, wir wollen keine Angst. Nicht selten fühlen wir uns schuldig dafür, dass wir solche Angst haben und andere bremsen mit unserem Verhalten. Wir schämen uns deshalb und müssen erst wieder lernen, dass Ängste etwas Natürliches sind.

Ängstliche Menschen sind nicht beliebt; sie halten auf und kosten Zeit.

Ängste umwandeln

Die Angst muss angenommen und anerkannt werden, damit sie sich verwandeln kann. Nur wenn wir unsere eigenen Ängste bejahen und verstehen lernen, können wir auch unseren Kindern helfen, Ängste zu überwinden und daran zu wachsen.

Je genauer wir wissen und fühlen, was Angst überhaupt für ein Phänomen ist, welche Form der Angst vorliegt und welches Thema hinter unserer Angst oder hinter der Angst unserer Kinder steht, desto wirkungsvoller und zielgerichteter können wir uns selbst und unseren Kindern helfen. Bevor wir also über Angstabbau und Angstbewältigung reden, sollten wir erst einmal darüber nachdenken, was Angst ist und von welchen Ängsten wir Erwachsenen selbst geplagt werden.

Angstauslöser

Grundsätzlich können alle Objekte und Situationen Angst auslösen. Wir nehmen Angst meist über die mit ihr einhergehende körperliche Erregung wahr und haben dann z. B. ein flaues Gefühl im Magen, Herzklopfen oder schwitzen.
Es muss allerdings nicht immer eine messbare physiologische Erregung vorhanden sein, um Angst zu empfinden. Zunächst handelt es sich um ein subjektives Empfinden der Aufregung. Angst bedeutet aber, dass die nervliche Erregung über ein angenehmes Maß hinausgeht.
Die geistige Erlebniskomponente der Angst beschreibt die unter Bedrohung auftretenden Gedanken, z. B. Zweifel, Sorgen, Erfahrungen von Misserfolg oder negative Selbstbewertungen, und spiegelt unsere Besorgnis wider. Eigene Sorgen, Befürchtungen, Grübeleien oder auch das Verhalten anderer Menschen, äußere Einflüsse oder Merkmale der Situation, in der wir uns befinden, führen zu Stressreaktionen, die die Angstschwelle durchbrechen. Jetzt empfinden wir Angst, das Geschehen erscheint zunehmend bedrohlicher. Durch die Verschiedenheit der Menschen auch im Angsterleben können wir nicht von uns auf andere oder umgekehrt schließen.
Hinter der Angst kann eine im Außen erkannte Gefahrenquelle stehen, sie kann aber auch aus inneren Quellen gespeist sein, z. B. durch beunruhigende Körperreaktionen oder durch auftauchende innere Angstbilder. Angst kann aber auch aus diffusen Seinszuständen heraus geboren werden und zunächst keinen wirklichen Anhaltspunkt bieten. Die Anzahl möglicher Ängste ist, so gesehen, unbegrenzt. Allerdings lassen sich Ängste durchaus zuordnen.

Angst regt uns auf und ist grundsätzlich unangenehm.

> **Angst ist also:**
>
> - das bewusste Erleben eines Erregungszustandes, der als quälend und bedrückend empfunden wird
> - eine spezifische, kognitiv vermittelte Emotion im Rahmen eines Stressereignisses
> - ein affektiver Zustand des Organismus, der durch erhöhte Aktivität des autonomen Nervensystems, durch verdichtete Selbstwahrnehmung von Erregung, durch das Gefühl des Angespanntseins und von verstärkter Besorgnis gekennzeichnet ist

Je nachdem, wie gefährlich wir die Situation einschätzen und je nachdem, wie wir unser Potenzial bewerten – ob wir z. B. glauben, diese Situation erfolgreich bestehen zu können – ist unser Angstempfinden mehr oder weniger stark ausgeprägt.

Das bedeutet aber: Nicht die kritische Situation allein löst unsere Angstgefühle aus, sondern die Gefühle, die wir empfinden, hängen ganz stark auch davon ab, wie wir die Situation subjektiv im Kontext unserer vorhandenen Ressourcen beurteilen. Empfinden wir die auslösende Situation als Herausforderung, als Bedrohung oder sehen wir bereits den Schaden/Verlust, der dadurch für uns zu entstehen scheint? Je nachdem, wie wir den Gesamtkontext bewerten, resultiert daraus, welche Dimension von Angstemotion wir empfinden und welche Bewältigungsprozesse von unserem Organismus ausgelöst werden.

Wir »bewerten« unsere Angst hauptsächlich unbewusst.

Dieser Einschätzungsprozess läuft nicht immer unmittelbar bewusst ab. Machen wir ihn uns aber bewusst, besteht die Möglichkeit, die bereits vollzogene, subjektive Einschätzung zu korrigieren und zu einer Neueinschätzung zu kommen.

Aus dem Aspekt der Bedrohung heraus ergibt sich die Hauptfunktion der Angst: nämlich das schnelle Entdecken von Bedrohung und das daraus resultierende schnelle und effektive Reagieren darauf! Die Angst dient also im Wesentlichen dazu, uns zu schützen. Wenn wir Angst haben, führt das zu Körperreaktionen sowie zu Veränderungen der Gefühle, Gedanken und des Verhaltens.

Drei Arten der Angstbewältigung

Es gibt sachlich betrachtet ganz unterschiedliche Möglichkeiten, unserer Angst »Herr« zu werden:

- Wir können unsere Angst bewältigen, indem wir die zunächst wahrgenommene Bedrohung in eine Herausforderung umdeuten bzw. neu bewerten. Voraussetzung ist, mit kühlem Verstand, den bereits vollzogenen Angstempfindungsprozess zurückzudrehen, ihn verlangsamt – ähnlich der Zeitlupe beim Film – mit all seinen Gedanken und Gefühlen wieder einsetzen zu lassen, ihm nachzuspüren und dabei logisch zu analysieren und die Angst auslösende Quelle neu zu bewerten. Ich nenne das die **bewertungsorientierte Bewältigung**. Wenn es mir gelingt, aus der empfundenen Bedrohung eine zu bewältigende Herausforderung zu machen, bin ich fast schon wieder auf der sicheren und damit angstarmen Seite. Angst bewerten
- Eine weitere Möglichkeit ist die **problemzentrierte Bewältigung** unserer Angst. Wir versuchen, unsere Angst aktiv zu bewältigen, indem wir uns Hilfe bei anderen holen, über unsere Ängste sprechen, über die Ängste und die Bewältigungsstrategien der anderen etwas erfahren und uns auf weitere Informationssuche im sozialen Netzwerk begeben. Auf dieser Ebene ergreifen wir Maßnahmen, um die Bedrohung aktiv zu bewältigen. Problem erkennen
- Wenn wir die körperlichen Angstprozesse emotional regulieren, indem wir ganz bewusst unseren Atem verlangsamen und Emotion zulassen

vertiefen oder unsere Hilflosigkeit, Verzweiflung oder auch Wut über die uns bindende Angst expressiv und affektiv abzuführen versuchen, um der inneren Spannung quasi ein Ventil zu geben und das Gefühl zu bekommen, sie doch irgendwie kontrollieren zu können, spreche ich von **emotionsorientierter Bewältigung**.

Entwicklungsprozesse der Angst

Das Annehmen und Meistern einer auftretenden Angst bedeutet meist auch, Herausforderungen anzunehmen und zu bestehen. Indem wir sie bewältigen, reifen wir. Weichen wir unserer Angst und der Auseinandersetzung mit ihr aus, stagnieren wir und hemmen unsere Entwicklung.
Jede Entwicklung, jeder Reifungsschritt ist mit Angst verbunden, denn er führt uns in etwas Neues, bisher nicht Gekanntes, in innere und äußere Situationen, die wir noch nicht und in denen wir uns noch nicht erlebt und bewährt haben. Alles Unvertraute, noch nicht Erfahrene enthält demnach neben dem Reiz des Neuen, der Lust am Abenteuer und der Freude am Risiko auch Elemente von Angst. Deshalb tritt die Angst an den Stellen auch am stärksten in unser Bewusstsein, an denen wir vor neuen Aufgaben stehen oder Wandlungen von uns vollzogen werden müssen.

Unser Leben lang begleiten uns so genannte Grundängste, die in ihrem Verhältnis zueinander natürlich je nach Lebenslage variieren. Aufgabe unseres Lebens ist es, ein einmaliges Individuum zu werden, unser Eigen-Sein zu bejahen und zu verfeinern. In Identifikation mit anderen und in Abgrenzung zu ihnen sollen wir uns sozial verhalten und zugleich autonom handeln. Wir sollen uns Ziele und Träume setzen, uns häuslich niederlassen, uns einrichten, die Zukunft planen, zielstrebig sein, als ob wir ewig leben würden und die Zukunft voraussehbar wäre, wir

Entwicklung und Reifen haben viel zu tun mit Angstüberwindung.

also mit Bleibendem rechnen können – und all das verbunden mit dem gleichzeitigen Wissen, dass unser Leben jeden Augenblick vorbei sein kann. Mit diesem angelegten Wunsch nach Dauer uns in eine ungewisse Zukunft hinein zu entwerfen, als ob wir damit etwas Sicheres und Festes vor uns hätten, werden auch Ängste geboren, die mit dem Wissen um die Vergänglichkeit, um unsere Abhängigkeiten und um die irrationale Unberechenbarkeit unseres Daseins zusammenhängen.

Da sich die großen Ängste unseres Daseins, die so wichtig für unsere seelische Entwicklung sind, nicht umgehen lassen, bezahlen wir den Versuch, vor diesen Ängsten auszuweichen, mit vielen kleinen banalen Ängsten. Diese neurotischen Ängste sind eigentlich nur aufzulösen, wenn wir uns den größeren, ureigentlichen, dahinter liegenden Ängsten stellen.

Wir sollten uns einlassen auf unsere Angst und somit auf das Leben.

Ängste ändern sich

In jedem Alter sieht die Welt anders aus und andere Ängste bewegen den Menschen. Auch die Entwicklung eines Kindes ist fast grundsätzlich von Ängsten begleitet. Mit jedem Entwicklungsschritt wird das Kind offener für seine Umgebung, und es entdeckt vieles, was es bisher übersehen hat. Doch weil es all das Neue nicht immer einordnen kann, reagiert es mit Ängsten. Es können tatsächliche oder fantasierte Gefahren sein, die sich das Kind ausmalt. So kann es geschehen, dass Kinder plötzlich Ängste vor Gegenständen und Situationen entwickeln, vor denen sie sich bisher nicht gefürchtet haben (s. S. 83 unten). Entwicklung ist immer ein Übergang, der von Ereignissen der Neuschöpfung, des Neubeginns und eingeleitet durch die Willenstat des »Auslöschens« gekennzeichnet ist. Also müssen wir, ob wir das wollen oder nicht, das »Abschiednehmen« im Kleinen üben. Es ist wichtig, auf unseren Instinkt zu achten, der zur Vorsicht oder zum Rückzug mahnt, wenn wir einer Situation nicht gewachsen sind. Kinder reagieren meistens noch ganz automatisch auf ihre Intuition. Es ist gut, dieser inneren Stimme zu vertrauen, denn sie kann uns dabei helfen, im Leben die richtigen Entscheidungen zu treffen.

Körperliche Reaktionen

Angst ist eine Empfindung und Erfahrung des Körpers und als solche an den Organismus gebunden. Sie wird individuell sehr unterschiedlich erlebt. Jeder weiß aus eigener Erfahrung: Angst führt zu starken körperlichen Reaktionen. Sie weckt die Bereitschaft zum Kampf oder zur Flucht. Sie lässt uns starr werden vor Schreck, versetzt uns in einen Zustand der Lähmung oder mobilisiert unsere Kräfte.

Physiologische Erfahrungen

Angst »schnürt« uns die Kehle zu, die Haare »stehen uns zu Berge«.

Wir können beobachten, wie wir uns zusammenziehen, uns in uns selbst zurückziehen und uns innerlich sammeln. Dabei nehmen wir wahr, wie uns diese körperlichen Reaktionen darin unterstützen wollen, uns auf die anstehenden Herausforderungen zu konzentrieren.

Diese vielfältigen Empfindungen, die wir bei Angst verspüren, werden erst verständlich, wenn wir bedenken, dass im Alarmzustand der ganze Körper in Erregung gerät.

Betrachtet man nur die körperliche Seite, so ist der Grad der Aktivitätsänderung ein direkter Hinweis auf die Intensität der Gefühlserregung, die wir gerade erleben.

Wir können u. a. spüren:
- einen »Kloß« im Hals
- Erstickungs- und Beklemmungsgefühle

- ein Kribbeln in Händen und Füßen, feuchte Hände
- Hitze- und Kältewellen
- erhöhte Atem- und Herzfrequenz
- ein Zittern und Seitenstechen
- Druck auf die Brust oder im Magen
- wacklige Beine und Schwindelgefühle
- Durchfall, Kopfschmerzen, Zähneknischen

Wir empfinden äußere und innere Unruhe. Konzentrations-, Schlaf- und Gleichgewichtsstörungen können eine Folge von Angst sein. Störungen der Skelettmuskulatur (Spannungen, Schmerzen vor allem in Nacken und Schultern, Lidzucken) können als Reaktion auftreten, ebenso wie das Phänomen leichter Ermüdbarkeit oder die plötzliche Unfähigkeit sich zu entspannen.
Angst führt zu erhöhter Aufmerksamkeit und überscharfer (Selbst-)Wahrnehmung, zu Benommenheits- und Ohnmachtsgefühlen, zu gesteigertem Ich-Erleben bis hin zu Depersonalisationserscheinungen – dem Gefühl, nicht mehr da zu sein.

Unser Körper reagiert eher auf Angst, als wir sie uns eingestehen.

Psychische Erfahrungen

Durch die physiologische Komponente der Angst spielt das vegetative Nervensystem eine große Rolle. Ängste können sowohl durch innere, wie auch durch äußere Reize ausgelöst werden, oft gehen beide Hand in Hand. Je größer das Angsterleben und je weniger absehbar es ist, ob und wann die Angst auslösende Situation bewältigt werden kann, desto eher kann die eigentlich hilfreiche Angst auch das Gegenteil von Hilfe bewirken: Der Körper krampft sich zusammen, das Blut strömt zurück, man erbleicht und erkaltet. Alle Wärme- und Willenskräfte werden eingeholt, um einen engen Ring zur Verteidigung des Innersten zu bilden.

> **Die Stunde der Geburt von Angsterkrankungen**
>
> Die körperlichen Symptome prägen sich unter Umständen in extrem empfundenen Angstmomenten tief ein, verbinden sich mit der sie auslösenden Situation und werden immer wieder wachgerufen, wenn die Situation ähnlich der wird, in der das erste Mal derartige Ängste oder Befürchtungen ausgelöst wurden.

Neben den akuten Angstsymptomen führt permanente Angst zu einer erhöhten Krankheitsanfälligkeit.

Es kann zu Funktionsstörungen der inneren Organe kommen, ohne dass bereits eine körperliche Krankheit vorliegt. Nervosität und die damit oft verbundenen Schlafstörungen sind ebenfalls Gradmesser für die sich festsetzende Angst. Sie erklären sich aus der hohen, andauernden, inneren Spannung, die auftritt, wenn ein Angst auslösendes Moment über längere Zeit anhält, die das vegetative Nervensystem chronisch überfordert und überreizt. Die Betroffenen erleben sich möglicherweise reizbar, zappelig, ruhelos, seufzend, besorgt, sind begleitet von Bildern drohenden Unheils, fürchten Verlust der Selbstkontrolle, haben Angst vor der Angst, vor einem Herzanfall oder dem Tod, der jederzeit eintreten kann. Sie erscheinen anderen möglicherweise wie auf dem Sprung, sind ungeduldig, leicht abgelenkt, unfähig sich zu konzentrieren, leicht entmutigt, extrem kritikempfindlich, entschlusslos, leicht depressiv.

Destruktive Angst macht uns Angst:
- weil sie uns lähmt und uns am Leben hindert
- weil sie oft Ersatzhandlungen erzeugt
- weil sie Anklammern und Festhalten erzwingt
- weil sie Abhängigkeit schafft
- weil sie Verhalten erzwingt, das zerstörend wirkt nach innen und außen

Die Nebennieren schütten zu viele Hormone aus. Blutdruck-, Blutfett- und Blutzuckerwerte steigen. Die Tätigkeit der Lymphzellen (körperliches Abwehr-Immunsystem) wird beeinträchtigt. Daraus resultiert unter Umständen erhöhte Anfälligkeit für Infektionskrankheiten bzw. überschießende Abwehrtätigkeit (Autoimmunerkrankungen, Allergien).

Was passiert vor den Körperwahrnehmungen der Angst?

Was aber passiert beim normalen Wechselspiel von Anspannung und Entspannung in unserem Körper, also lange bevor sich eine Angst, wie oben beschrieben, verfestigt hat und nur noch mit Anstrengung wieder aufzulösen ist? Und welche körperlichen Prozesse vollziehen sich in unserem Innern, wenn wir auf eine plötzlich auftretende Situation mit Angst reagieren oder wenn uns eine längerfristige Angst auslösende Entwicklungsherausforderung in eine lang anhaltende Auseinandersetzungsspannung bringt, die wir vielleicht über Wochen und Monate hindurch tragen müssen?

Angst kann immer alarmierender und »lauter« werden.

Zunächst verrichtet unser vegetatives Nervensystem seine Arbeit, ohne dass wir groß Notiz davon nehmen. Wir kümmern uns meistens nicht um Atmung, Verdauung oder Herzschlag, denn die wichtigsten lebensnotwendigen Organfunktionen können wir normalerweise nicht willkürlich beeinflussen.

Die Hauptaufgabe des autonom arbeitenden vegetative Nervensystems besteht darin:
- dafür zu sorgen, dass unser Körper immer wieder in einen Zustand des physiologischen Gleichgewichts zurückkehrt
- uns vegetieren zu lassen, indem es Atmung, Herz und Kreislauf, Verdauung, Wasser- und Wärmehaushalt reguliert
- in Notsituationen wie Ohnmacht oder Zusammenbruch die lebensnotwendigen Organfunktionen aufrechtzuhalten

Diese spezielle Arbeit übernehmen u. a. Sympathikus und Parasympathikus, zwei Teilsysteme, die sich wie bei einer Waage nach dem Balance–Prinzip im Gegensinn – antagonistisch – beeinflussen.

Sympathikus Das sympathische System macht uns fit für Leistung. Es beschleunigt u. a. den Herzschlag, den Blutdruck, erweitert die Arterien und steigert so die Leistungsfähigkeit der Muskeln. Es fördert die Schweißsekretion, bewirkt schnelleres und tieferes Atmen, erweitert die Pupillen, hemmt die Verdauung, regt die Nebennieren zu vermehrter Ausschüttung von Adrenalin an. Die Sympathikusimpulse steigern also unsere Kraft, die Fähigkeit zur Arbeitsleistung, sie mobilisieren Aktivität, stellen Energien und Reserven für das Handeln bereit.

Parasympathikus Der Parasympathikus drosselt die Herz-Kreislauf-Leistungen, verengt die Arterien wieder, senkt den Blutdruck, fördert alle für die Ernährung wichtigen Funktionen, stoppt die Schweißsekretion und verlangsamt die Atemtätigkeit.

Beide Systeme ziehen ständig an den Waagschalen. Ist die vom Sympathikus bereitgestellte Energie abgeschöpft, sorgt der Parasympathikus für Ruhe und Erholung. Unser vegetatives Nervensystem ist daher enorm belastbar, weil es elastisch reagiert, es hält auch extremer Beanspruchung stand. Wird die Belastungsfähigkeit dennoch überschritten, dann verhindern eingebaute Sicherungen, wie z. B. Ermüdung und Erschöpfung, den sofortigen Zusammenbruch.
Im Zustand angespannter Erregung, bei Angst, stellt es uns blitzschnell die notwendigen Energien und Reserven zur Verfügung. Es startet den Motor in uns.
Unser Organismus ist so angelegt, dass im Zustand der Angst der Sympathikus dominiert, damit zusätzliche Energien mobilisiert werden.

Um wieder ins Gleichgewicht zu kommen, gibt es zwei Möglichkeiten: Entweder schöpfen wir die vom Sympathikus bereitgestellte Energie voll ab, indem wir uns »austoben« oder wir setzen das parasympathische System in Gang und belasten die parasympathische Waagschale. Das können wir z. B. durch aktives Atmen oder ganz einfach durch Essen tun.

Dauert aber ein Angstzustand länger an, dann zeigen sich immer wieder auch parasympathische Impulse. Es treten typische Angstreaktionen auf, wie z. B. Übelkeit, Erbrechen, Durchfall und Harnlassen.

Beide Systeme wirken permanent wechselseitig.

Wie funktioniert unser Alarmsystem?

Wir wissen nun, welche Reaktionen Angst in unserem Körper hervorrufen kann. Wie aber wird Angst »gemeldet«? Hierfür gibt es Nachrichtenwege:
1. Unsere Sinnesorgane melden einen Gefahrenreiz an die Hirnrinde.
2. In unserer Hirnrinde findet ein Bewusstseinsprozess statt: Wir assoziieren Gefahr.
3. Beim Empfang von Gefahrensignalen entstehen Angstemotionen im Hypothalamus, einem Teil des Zwischenhirns.
4. Die Angstemotionen werden an die Hypophyse, die Hirnanhangdrüse, gemeldet.
5. Die Hypophyse schüttet nun das Hormon ACTH (Adrenocortocotropes Hormon) direkt in die Blutbahn aus.
6. Die Nebennierenrinde, auch eine Drüse, registriert das im Blut enthaltene ACTH und reagiert nun selbst mit der Ausschüttung von Hormonen, insbesondere von Adrenalin.
7. Diese Hormone versetzen den gesamten Organismus in den Zustand höchster Kampf- und Fluchtbereitschaft. Gleichzeitig haben die Angstemotionen über den Hypothalamus unser vegetatives Nervensystem aktiviert.

8. Dieser Zustand angespannter Erregung im gesamten Organismus wird wieder an das Gehirn zurückgemeldet (das Herz schlägt schneller, die Hände schwitzen).
9. Vor allem wird die Erregung an das Stammhirn gemeldet, dessen Teilsystem, die retikulare Formation, nun Impulse zur Großhirnrinde sendet.
10. Diese Impulse »feuern« regelrecht die Großhirnrinde an. Sie wird dadurch in höchste Bereitschaft versetzt: Gespannteste Aufmerksamkeit ist die Folge, alle Umweltreize werden nun besonders scharf wahrgenommen.

Wir sind auf die Gefahr vorbereitet. Die Hirnrinde, aufs äußerste erregt, ermöglicht nun ein der Situation optimal angepasstes Denken und damit auch ein Handeln unter bestmöglicher Ausnutzung unserer motorischen Leistungsfähigkeit.

Gewöhnung an Angst

Immer wieder »gefährden« neue Reize unsere Ausgeglichenheit.

Unser Organismus strebt immer nach Einklang mit der Umwelt. Wir leben jedoch in einer ständig sich wandelnden Welt. Wird unser Ruhezustand durch bedrohliche Umweltreize verändert, dann hilft uns das vegetative Nervensystem, den Zustand der Ausgeglichenheit so schnell wie möglich wieder zu erlangen. Nicht immer jedoch muss dieser aufwendige Apparat bemüht werden. Die Fähigkeit zur Gewöhnung, zur »Adaption«, macht die Anpassung an neue Umweltbedingungen möglich. Gewöhnung kann aber auch gefährlich sein. Ein akustisches Signal, wenn es zunächst unerwartet und plötzlich auftritt, lässt die meisten Menschen leicht zusammenzucken und versetzt sie in einen Zustand gesteigerter Wachheit. Wiederholt sich dieser Reiz allerdings, so fällt die Schreckreaktion von Mal zu Mal schwächer aus, bis wir uns daran gewöhnt haben. Das biologisch sinnvolle Alarmsystem Angst springt nicht mehr richtig an.

Aber es gibt auch Menschen, bei denen es sehr langsam zur Gewöhnung kommt – und manchmal auch gar nicht. Das ist dann für die Betroffenen oftmals sehr anstrengend. Jeder von uns hat ein vorgegebenes, allgemeines Erregungsniveau, das über den Grad der Wachheit und Empfindsamkeit entscheidet, mit der die Signale aus der Außenwelt aufgenommen werden. Dabei lässt sich eines mit Sicherheit festhalten: Menschen mit zu hohem, allgemeinem Erregungsniveau und zu geringer Adaptionsfähigkeit neigen zu erhöhter Angstbereitschaft.

Die Angstkultur unserer Gesellschaft

Angst gehört unvermeidlich zu unserem Leben. Die Geschichte der Menschheit lässt immer neue Versuche erkennen, Angst zu bewältigen, zu vermindern, zu überwinden oder zu binden. Es ist eine Illusion, zu glauben, dass wir ohne Angst leben können. Sie gehört zu unserer Existenz und ist eine Spiegelung unserer Abhängigkeiten und des Wissens um unsere Sterblichkeit.
Wir können nur versuchen, Kräfte zu entwickeln, die uns helfen, der Angst einen für uns förderlichen Platz zuzuweisen: Mut, Vertrauen, Sinn, Erkenntnis, Macht, Hoffnung, Demut, Glaube und Liebe. Diese Qualitäten können helfen, Angst anzunehmen, uns mit ihr auseinanderzusetzen, sie zu befrieden oder über sie hinauszuwachsen.

Wer sich zu schnell an Gefahrensignale gewöhnt, lebt gefährlich.

Was uns das Fürchten lehrt

Stattdessen neigen wir jedoch oft dazu, unseren Ängsten auszuweichen, sie zu vermeiden oder sie zu verdrängen. Aber ebenso wie der Tod als solches nicht aufhört zu existieren, nur weil wir nicht mehr an ihn denken, so ist das auch mit der Angst.
Angst gibt und gab es in allen Kulturen, sie unterscheidet sich

Ausweichmanöver nützen uns wenig.

einzig darin, dass sie sich vielleicht auf unterschiedliche Dinge richtet. Und möglicherweise unterscheiden sich auch die Mittel und Maßnahmen, die wir anwenden, um unserer Angst Herr zu werden. Wir haben heute im Allgemeinen keine allzu große Angst mehr vor Donner und Blitz, Sonnen- und Mondfinsternis. Sie beeindrucken noch als gewaltiges Naturschauspiel, aber wir wissen, dass durch sie die Welt nicht untergeht. Dafür fürchten wir uns vor Bakterien, Aids, Krebs, Rinderwahn, Vogelgrippe, radioaktiver Strahlung, Elektrosmog, vor allzu großer Stille, vor Alter und Einsamkeit.

Wir erleben hautnah auch den starken Anforderungscharakter mit, den unsere Gesellschaft auf uns ausübt, wenn es um die Heranführung unserer Kinder an bestimmte Leistungsmerkmale durch uns Eltern geht. Diese Dinge machen unsere Lage besonders angespannt. Wir sind von Ängsten umlauert, die uns häufig – vor Angst – gar nicht bewusst werden.

Signale erkennen

Aber Angst entsteht durchaus auch als Signal, das darauf hinweist, dass wir von der richtigen, vernünftigen Lebensordnung, von der gesunden Lebensorientierung abweichen. So wie Fieber ein Symptom dafür ist, dass der Körper sich mit einer Bedrohung auseinandersetzen muss, so ist auch die Angst ein Symptom, das ebenfalls Hinweise auf etwas gibt. Doch wenn das Fieber unterdrückt wird, stört man eine wichtige Schutzreaktion des Körpers. Wenn die Angst verdrängt oder abgewehrt wird, geschieht Ähnliches, das eigentlich hilfreiche Signal wird zum Problem. Verdrängt man die Angst, erfährt sie eine enorme Wirkungsverstärkung. Die Bekämpfung und Unterdrückung der Angst erzeugt immer mehr Angst und Abhängigkeit. Leider haben etliche Menschen bisher nicht den richtigen Umgang mit ihrer Angst gelernt. Sie gebrauchen ihre Angst nicht als nützliches Instrument, das ihnen vom Grunde her wohl gesonnen ist, sondern sehen ihre eigene Angst als etwas Fremdes, Unheimliches an, dem sie lieber aus dem Weg gehen, soweit sie es eben können. Damit wird eine wichtige Chance verpasst, und ein natürlicher Bundesgenosse im eigenen Denken wird plötzlich zum Feind, den es auszumerzen gilt. Am Ende entwickelt sich der betroffene Mensch zum Gefangenen seiner zu bewältigenden Angst. Manchmal setzt er seine ganze Energie dafür ein, diese Angst zu bekämpfen. Unterdrückte Angst schadet jedoch und führt zu Fehlhandlungen. Im Übrigen: Je mehr wir sie unterdrücken, desto mächtiger wird sie.

Wir müssen lernen, die Angst als Hilfsmittel zur Veränderung zu nutzen.

Erziehung erfordert von Eltern:

- eine schöpferische Distanz, die notwendig ist, um sein Kind in seinem Eigen-Sein zu erkennen und es ihm auch zuzugestehen
- eine liebende Einstellung, um dem Kind Vertrauen zu ermöglichen
- gesunde Härte und Konsequenz, um es Ordnungen erleben zu lassen
- Vertrauen in die Kräfte des Kindes, um es selbst einfühlend verstehen zu können
- Respekt vor dem Wesen des Kindes, um es nicht nach eigenen Wünschen zu formen und damit zu überfordern (s. S. 93 ff.)

Wer zu früh altersunangemessen Ängsten und Schicksalsbelastungen ausgesetzt war und in seiner Umgebung keine Hilfe fand, erlebt Ängste unter Umständen auch später als viel gefährdender und erdrückender, denn sie aktivieren bei ihm alte, unverarbeitete Ängste aus seiner Frühzeit.

Formen der Angstbewältigung

Lassen Sie uns nochmals darauf schauen, wie Angst bewältigt werden kann. Es ist wichtig, das eigene Angstverhalten zu kennen, wenn man die Kinder in ihrem Angsterleben verstehen will. Um besser eingreifen und steuern zu können, wie wir Angst haben bzw. wie wir in einer Angstsituation auf die Angst reagieren, sollten wir noch nachvollziehbarer verstehen, was eigentlich in uns vorgeht, wenn wir Angst haben.

Sich seiner Angst freiwillig zu stellen, setzt Vertrauen in die eigenen Kräfte voraus.

Die gleichzeitige Beobachtung körperlicher und seelischer Vorgänge durch Wissenschaftler hat gezeigt, dass Angst nicht einfach ein Gefühl ist. Angst ist ein kompliziertes Zusammenspiel von verschiedenen Reaktionskompetenzen, von denen keine alleine das ist, was wir Furcht oder Angst nennen.

- die **kognitive Komponente** – das Erkennen von Gefahr; Wahrnehmung von Gefahrensignalen
- die **physiologische Komponente** – körperfunktionelle Veränderungen, wie z. B. Feuchtwerden der Hände, Herzschlagbeschleunigung, Durchblutungsänderungen der Hautgefäße, die Blässe oder Röte verursachen
- die **motorische Komponente** – Auslösung charakteristischer Körperreaktionen, z. B. automatische Flucht- und Abwehrbewegungen, aber auch sprachliche Äußerungen

Erinnern Sie sich an das Funktionieren des Alarmsystems (s. S. 19)? Ganz kurz nur – oft nur Bruchteile von Sekunden – liegen zwischen Empfang der Warnsignale und Ihrer Reaktion und nur diese wenigen Sekunden bleiben Ihnen zur Reflektion. Während diesem Innehalten sammeln Sie Ihre körperlichen Kräfte, werden alle Ihre Reserven für die bevorstehende Flucht bzw. den »Kampf« mobilisiert. Sie sind nun von Kopf bis Fuß auf Aktivität, auf Handeln eingestellt, um der Gefahr zu begegnen. Sie pendeln zwischen Flucht und Abwehr hin und her.

Es geht ums »Überleben« und Sie sind physisch und psychisch darauf vorbereitet. Dieses Überlebenssystem ist biologisch im Menschen angelegt. Für unsere Vorfahren, die Steinzeitmenschen war dies ein unabdingbar notwendiges Überlebensmuster. Ihre Devise war: »Auf und davon …« oder aber: »Kampf und den Gegner in die Flucht schlagen!«, und dafür brauchten sie die durch die Angst zusätzlich mobilisierten Energien.

Zivilisierte Reaktionen

Auch Sie zittern im Zustand der Angst am ganzen Leib. Es ist Ihnen danach zu schreien, aber eventuell gibt es keine Möglichkeit, sich derartig zu äußern. Selbst wenn es möglich ist, sich die Angst laut von der Seele zu schreien, haben Sie damit noch lange nicht alle Energien verbraucht, die Ihr Körper mobilisiert hat. Sie haben immer noch zu wenig Dampf abgelassen. Denn wir sind zivilisierte Menschen. Unsere Erziehung und die Normen des gesellschaftlichen Zusammenlebens halten uns meistens davon ab, gleich drauflos zu schlagen oder auf den nächsten Baum zu klettern.

> **Unser biologisches Erbe …**
>
> … ist immer noch dasselbe. Die Angst ist die gleiche geblieben. Die Wirkung der drei Reaktionskompetenzen der Angst hat sich nicht verändert. Aber wir sind nicht mehr in der Lage, bei Gefahr und Angst das in uns zusätzlich mobilisierte Energiepotenzial abzubauen.

Denn unser Alltagskampf sieht anders aus: Es geht um die Auseinandersetzung mit einem unangenehmen Vorgesetzten, um eine schwierige Prüfungs- oder Bewährungssituation, um die Bewältigung von Stress, weil wir zu viel auf einmal wollen oder um Risiken beim Autofahren.

Auch das werden Sie kennen: Sie sind wütend und müssen sich Luft machen, aber Sie haben keine Gelegenheit dazu. Also fressen Sie Ihren Ärger/Ihre Angst – oft über längere Zeiträume – in sich hinein. Das ist eindeutig falsch!

> **Es liegt ein Stück weit an uns, in welchem Gewand sich die Angst zeigt.**

Reagieren Sie sich ab

Bewegen Sie sich, betätigen Sie sich sportlich oder sorgen Sie durch Entspannungsübungen dafür, dass Sie immer wieder »herunterkommen« und zu sich finden! Üben Sie sich darin, bei Angstausbrüchen eine personifizierte Qualität zu entwickeln, die Ihnen über die Schulter schaut und Sie reflektierend begleitet. Nennen Sie sie z. B. Meta, in Anlehnung an den Begriff der Meta-Ebene, die uns verhilft, Abstand zu den Gefühlsregungen zu gewinnen, die uns überschwemmen.

Achten Sie aber darauf, dass Ihre Meta die Gefühlsempfindungen und aktivierten Reaktionsmuster nicht verdrängt und einfriert, sondern Ihnen eher dabei hilft, Sie zurückzuhalten, quasi den Prozess zwischen der Angstauslösung und der Reaktion darauf eher zu verlangsamen. Die gewonnenen Sekunden der Reflektion können so manches Unheil oder so manchen unnötigen Ärger vermeiden. Gerade in wiederkehrenden Angstsituationen, die Ihnen permanent zu schaffen machen, ist dies ein brauchbares Instrument.

Vielleicht können Sie auch nach dem Angsterlebnis die Situation noch einmal in Gedanken aufsuchen und sie so umdenken, wie Sie annehmen, dass es gut für Sie gewesen wäre. Sie schaffen damit eine Art abrufbare Handlungs- bzw. Reaktionslandkarte, die es Ihnen ermöglicht, sich von gewohntem, aber nicht hilfreichem Angstverhalten loszusagen.

Der Angstprozessverlauf
1. Stufe des Angstausbruchs bzw. der Angstsensation
2. Wahrnehmung der körperlichen Zustandsveränderung, der wir innerlich unterworfen sind.
3. Die Angst breitet sich aus. Wir bekommen Angst, weil wir spüren, was die Angst mit uns macht. Es entsteht die Angst vor der Angst. Sorge um Identitätsverlust, Todesangst.
4. Die Frage nach der Abwehr oder nach Bewältigungsmöglichkeiten wird zwingend notwendig.

In den ersten drei beschriebenen Stufen sind wir tatenlose Zuschauer des Angstgeschehens. Dann erst beginnen wir zu agieren. Wenn wir Angst vor der aufkommenden Angst haben, kommt es darauf an, einen inneren Ort der Überschaubarkeit und der Sicherheit zu finden. Durch die Rückbesinnung auf das »Ich bin« und »Ich will« treten wir an die gestellten Aufgaben einerseits mit einem gezügelten Kräfteüberschuss heran, der sich belebend, ja engagierend auswirkt und andererseits entwickeln wir eine erhöhte Sensibilität, die wir der verwandelten Angst verdanken.

Manchmal haben wir Angst vor der aufkommenden Angst.

Ablauf einer Angsterfahrung

Haben wir uns in eine Angst verrannt und ahnen schon, dass diese Angst so grundlegend, wie sie sich zeigt und objektiv betrachtet, nicht den Kern trifft, dann müssen wir sie verarbeiten. Wir können einem Drehbuchautor gleich den ablaufenden Film umschreiben, ihm Stück für Stück neue Szenenbilder hinzufügen, damit er sich nach und nach in eine neue Geschichte verwandelt.
Stellen Sie sich vor, Sie sind von einem Hund gebissen worden und bemerken nun im Nachhinein, dass Sie, wann immer Sie einen Hund sehen, die Straßenseite wechseln, um eine Wiederholung des Erlebnisses zu vermeiden.

Zunächst macht Ihnen dieser Seitenwechsel nichts aus, dann sind Sie aber mit jemandem unterwegs und merken, dass ein Wechsel jetzt nicht gut käme. Sie beißen die Zähne zusammen und versuchen Ihre Angst zu überspielen. In diesem Moment haben Sie den dafür notwendigen Leidensdruck, sich zu sagen: »Ich muss an meiner Hundeangst arbeiten.«

Ablaufschema für die Phasen des Umlernens mithilfe eines Selbstgespräches:

1. Intellektuelle Einsicht:
   Längst nicht alle Hunde beißen, warum also habe ich vor allen Hunden Angst?
2. Übungen bewusst suchen:
   Zum Beispiel einem Hund begegnen, der nicht beißt und erfahren, dass ich mich unnötig ängstige.
3. Wiederholung dieser Erfahrung:
   Ich erlebe diese Erfahrung bewußt noch einmal.
4. Widerspruch zwischen Kopf und Bauch entsteht:
   Ich hatte Angst, aber es ist nichts passiert. Meine Angst war in diesem Fall unbegründet.
5. Übereinstimmung von Kopf und Bauch:
   Ich habe mich davon überzeugt, dass nicht alle Hunde beißen, doch eine gewisse Wachsamkeit kann nicht schaden.
6. Neue Gewohnheit:
   Jetzt war ich schon einige Male mutig und da nichts passierte, kann ich mich wieder etwas entspannen.

Angst-Schemata

Verdrängung – Ignorieren, Gedanken wegschieben
Flucht – direkt aus der »Gefahrenzone« flüchten
Vermeidung – der Situation aus dem Weg gehen
Betäubung – Alkohol, Narkotika, Beruhigungsmittel

Wer Angst hat, tut sich schwer

Die Ängste werden durch diese Strategien, die zwar kurzfristig Erleichterung bringen, langfristig aber eher schlimmer. Darüber hinaus entstehen durch Vermeidung und Flucht zunehmende Reibungspunkte. Desinteresse, Enttäuschungen, Entfremdung, Streit und Konflikte um die Thematik und immer wieder neue Situationen der Angst und Auseinandersetzung. Wer Angst hat, tut sich schwer damit, einen kühlen Kopf zu bewahren. Wir verlieren die Übersicht, können nicht mehr klar entscheiden, was zu tun ist, und greifen oftmals zum nächsten Hilfsmittel, für Erwachsene ist das nicht selten der Alkohol.

Initiative entwickeln

Wer Wege sucht, um sich abzureagieren, um seine Angst zu bewältigen, wird sie finden. Künstlerische Betätigungen bieten hier ein weites Feld. Auch mit Hilfe des Sports kann man sich gut entspannen, obwohl man seine Muskeln zuerst einmal kräftig anspannen muss. Es gibt viele Methoden, die uns helfen können: z. B. autogenes Training, progressive Muskelentspannung, Yoga, Meditation.
Sollte das Ausprobieren einer Methode nicht sofort erfolgreich sein, geben Sie nicht gleich auf. Vielleicht lag es an der Person des Lehrers oder die Methode hat Ihnen nicht gelegen. Versuchen Sie es mit einer anderen Methode. Vertrauen Sie Ihrem »inneren Kompass«, der wird Ihnen schon den Weg weisen.
Wenn ängstliche Menschen es schaffen ruhiger und gelassener zu werden, bauen sie bereits erhebliche Teile ihrer Angst ab. Denn Angst ist mit Ruhe und Gelassenheit unvereinbar. Um schwierige Situationen zu analysieren und neue Verhaltensweisen einzuüben, brauchen wir einen kühlen Kopf und innere Ruhe. Viele Probleme erscheinen uns dann in einem anderem Licht.

Zur Angstbewältigung gehört das Entwickeln von Initiative in der Begegnung mit den starken Eindrücken.

Die Angst als Freund und Partner

Zunächst will ich Ihnen hier über meine eigenen Ängste etwas erzählen, damit auch bei Ihnen alte Geschichten und Erlebnisse wieder wach werden können:

Allein und ohne Freunde
Als 16-jähriger junger Mann hatte ich selbst einmal geplant, alleine, ohne Freunde, eine mehrtägige Busreise nach Prag mitzumachen. Als ich dann morgens zum verabredeten Platz kam und die Menschen sah, die mitfahren würden, überfiel mich plötzlich eine Angst, ich nahm meine Reisetasche und lief so schnell ich konnte einfach davon. Es brauchte einige Tage, bis mir gewahr wurde, was geschehen war. Je mehr Abstand ich zu diesem Erlebnis gewann, desto mehr schämte ich mich und wollte das Ganze am liebsten wieder rückgängig machen, um dann doch noch mitzufahren. Es blieb so eine Art offene Wunde in mir zurück. Wie peinlich auch, sich den Fragen des Umfeldes stellen zu müssen! Uneingestanden wusste etwas in mir, dass ich mich einer Herausforderung, die ich mir selbst ausgesucht hatte, dann aus Angst doch nicht gestellt habe. Natürlich nagte diese Erfahrung an meinem Selbstbewusstsein.
Ich verlor in dieser Zeit gewaltig an Selbstvertrauen und erst, als ich mich – ein halbes Jahr später – traute, mich dieser Erfahrung erneut zu stellen, um sie doch noch zu bestehen, kehrte das alte Selbstvertrauen wieder zurück.

> Wir müssen immer wieder neu entscheiden: Stellen wir uns oder laufen wir davon.

Noch viel Zeit
Einige Jahre später: Als 22-jähriger junger Mann bekam ich die Zusage für einen Studienplatz. Ich freute mich zwar darüber, aber ich traf keine Anstalten, mich auf das Studium vorzubereiten. Weder schaute ich mir die Hochschule oder den Studienort vorher einmal an, noch kümmerte ich mich um ein Vorlesungsverzeichnis oder suchte einfach einmal Vorlesungen auf, um

Orientierung zu gewinnen. Auch versäumte ich es, mich um ein Zimmer zu kümmern. Ich verplemperte die Zeit bis zum Tag X. Als dann das Studium begann, hatte ich plötzlich zehn Baustellen auf einmal: Menschen kennen lernen, Studienfächer kennen lernen und auswählen, mich in der Stadt zurechtfinden, ein Zimmer suchen usw. Ich bekam plötzlich Panik bei all den offenen Feldern.
Abends fuhr ich des Öfteren mit dem Zug nach Hause zurück. Unterwegs dachte ich voller Anspannung an das noch zu Bewältigende. Eine Angst kroch hoch, ich befürchtete, alles nicht mehr zu schaffen. Plötzlich hatte ich, der immer gerne Zug fuhr, Angst vor dem Zugfahren. Wenn ich über eine Brücke ging, bekam ich Angst und wäre am liebsten von der Brücke gesprungen.
Es war schwer für mich, in dieser angstvollen Verstrickung zu begreifen, wie diese neuen Ängste mit meinen alltäglichen Lebensbezügen zusammenhingen. Dass ich selbst einer starken Anforderungsspannung ausgesetzt war, all diese Aufgaben zu lösen und es auszuhalten, dass welche sich nicht von heute auf morgen lösen, sondern sich erst über das Einstellen eines neuen selbstverständlichen Alltags beruhigen ließen, fiel mir schwer in Zusammenhang zu bringen. Als mir dies bewusst wurde, schwor ich mir, nie mehr im Leben so unvorbereitet in eine Situation zu kommen, künftig mehr auf die Ängste im Vorfeld zu hören und sie für eine gute Vorbereitung zu nutzen.

Je länger sich ein Prozess hinzieht, desto fester sitzt die Angst und überträgt sich auf andere Dinge.

Angst ist unumgänglich

Angst gehört unvermeidlich zu unserem Leben. Auch wenn wir Schwierigkeiten im Umgang mit Angst haben, dürfen wir nicht denken, wir können uns ihrer einfach entledigen. Angst will in die Lebensbewältigungsschritte, die wir zu tun aufgerufen sind, einbezogen werden. Wenn wir Angst leugnen, verdrängen, gering schätzen oder ihr keinen Platz in unserem Seelenleben geben, werden wir unmenschlich.

Wie sagte Erich Fried einmal sinngemäß? Er habe großen Respekt vor Menschen, die sich nicht scheuen zuzugeben, dass sie Angst haben, aber er habe große Angst vor denen, die Angst nicht kennen. Hinter dieser Aussage steht die Erfahrung:

Wer Angst aufstaut und wegschließt, muss damit rechnen, dass

Die Art, wie wir mit Angst umgehen, ist sehr verschieden.

Die Grundkraft Angst

- Ohne die Grundkraft Angst könnten wir nicht das entwickeln, was wir Vorsicht nennen. Die Vorsicht lehrt uns, den überstürzt-unbedachten von einem maßvoll-mutigen Tatendrang zu unterscheiden.
- Die Angst davor, jemand anderen zu verletzen, verhilft uns zur Verfeinerung unserer Kommunikations- und Handlungskompetenz.
- Kultivieren wir unsere Angst, so bringt sie uns in unserer Persönlichkeitsentwicklung vorwärts.
- Leider wagen wir uns viel zu selten, die Angst, die hinter Zwängen, Misstrauen, Abgrenzungsbemühungen und Vermeidung steckt, tatsächlich auszusprechen und als Gefühl zuzulassen.
- Aus Angst vor der Angst verpassen wir vielerlei Gelegenheiten, die uns *reicher und ehrlicher* machen würden.
- In der Angst liegen *positive Entwicklungskräfte* verborgen. Wenn wir uns der Angst öffnen, können sich diese Kräfte zeigen.
- Das Ziel kann sein, mit der Angst *partnerschaftlich* leben zu lernen.
- Lassen wir die Angst ebenbürtig gelten, steht sie uns in vielerlei Hinsicht zu Diensten.

sie irgendwann einmal katastrophenartig hervorbricht und alle inneren und äußeren Befestigungswälle, die man sich aufgebaut hat, hinwegspült.
Die Chronifizierung eines unbewältigten Angstproblems führt oft zu einer Verschlimmerung und auch zu einer Maskierung: Sie zeigt sich dann als krankhaftes Streben nach Macht, Einfluss, Ansehen, materielle Sicherheit; als Neigung, sich stets auf die Seite der Stärkeren zu schlagen; als herrisches Auftreten und Beanspruchung einer Führungsrolle; als intellektuelle Verachtung derer, die ihrer Angst nicht ausweichen können oder wollen. Sie zeigt sich im Ausüben von Rache oder auch im Festbeißen an der Frage nach der Schuld.

Der Sinn von Angst

Angst hat eigentlich den Sinn vor Gefahr zu warnen und so Flucht oder Angriff zu ermöglichen. Angststörungen aber sind Alarmsysteme, die sich verselbstständigt haben und die überempfindlich machen gegenüber Bedrohungen. Manchmal nehmen solcherart Angstprobleme den Menschen dann die Freiheit und die Orientierung. Gesunde Angst aber ist weder unangebracht noch unnötig, weder schädlich, auch nicht unreif. Schwierig wird der Umgang mit Angst für einen Menschen erst dann, wenn er mit ihrer Bewältigung überfordert ist, weil er weder ihren Sinn versteht, noch ihrem Aufforderungscharakter nachzukommen vermag. Doch wird es nicht leichter, wenn wir so tun, als ob die Angst nicht da wäre. Überhaupt geht es um Angstbewältigung und nicht um Angstüberwindung.
Denn Bewältigung heißt nicht Ausmerzung, sondern Integration. Die eigene Angst erfahren und ihr standhalten, stärkt die Selbsterfahrung mit dem Andersartigen. Selbstbewusstsein ist also untrennbar verbunden mit dem Zulassen von und dem Umgehen mit Angst.

Ohne Furcht hätte sich der Mensch nicht so erfolgreich entwickelt; er wäre längst ausgestorben.

Angst ist ein Spiegel der Seele

Wer sich auf Beängstigendes nicht mehr einlässt, hat im Grunde vor dem Leben kapituliert. Manche Menschen wählen den Weg der Verleugnung, der Verdrängung oder der Betäubung, anstatt der Lebensbejahung und der Auseinandersetzung. Sie sind Beispiele dafür, wie Leben nicht gelingen kann.

Wer frei in seiner Angst stehen will, muss lernen, auf sie zuzugehen. Keiner von uns ist perfekt. Alle zögern wir immer wieder, uns unserer Angst zu stellen. Und wie ich finde, oftmals auch zurecht. Denn Angst bedarf der Pflege, aber auch der Annäherung mit angemessener Haltung.

> Schließlich geht es um die Bewältigung einer vor uns liegenden Herausforderung.

Angst zeigt sich als innerer Naturvorgang, der oft ungebeten und doch zumeist nachvollziehbar auftritt. Routine im Umgang mit der Angst schützt uns nicht davor, Angst zu empfinden, aber sie hilft uns, sie zu akzeptieren. Um die Angst zu bewältigen muss man sich seiner Fähigkeiten und Möglichkeiten besinnen. Angst führt uns also zu einer gesteigerten Wachheit und Zentriertheit, zu einer Haltung wacher Aufmerksamkeit uns selbst gegenüber.

Die Angst veranlasst uns zu einer Art Selbstprüfung, die uns auf entscheidende Punkte aufmerksam macht:

- Bin ich der Angst gewachsen?
- Habe ich alles dafür getan, um gut vorbereitet zu sein?
- Verleugne ich sie nicht?
- Brauche ich Hilfe, und welche tut mir gut?

Gefährlich ist die Angst vor der Angst, die unsere aufkommende Angst ausgrenzt. Setzt eine Angst ein, die uns nicht mehr loslässt, fragen wir uns oft: Warum habe ich bloß Angst? Was ist die Ursache meiner Angst? Wird sie jemals wieder aufhören? Hilfreich ist es dann, wenn Sie sich an den folgenden Vorschlägen im Kasten auf der nächsten Seite orientieren können:

Lassen Sie Ihre Angst zu!

- Spüren Sie einmal nach, was die Angst auslösenden Situationen sind und ordnen Sie sie nach ihrer Intensität von stark bis schwach.
- Nehmen Sie sich nun einen Auslöser vor, der nur sehr schwach Angst auslösend ist und durchdenken und durchfühlen Sie die Situation in allen Details.
- Spüren Sie Ihren Empfindungen dabei intensiv nach.
- Lassen Sie Ihre Angst in ihrem ganzen Ausmaß zu und in die fühlende Wahrnehmung kommen.
- Wehren Sie sich keinesfalls gegen die aufsteigende Angst, sondern nehmen Sie Ihre Angst in allen Details bewusst wahr: Atmung, Herzklopfen, im Bauch, im Hals, auf der Haut usw.
- Gehen Sie in Ihre Angst hinein, identifizieren Sie sich mit ihr. Die Angst kommen und sie wirken zu lassen, sich ihr auszusetzen, sie aufzunehmen und sie zu akzeptieren, allein das hilft. Sie verliert ihre Macht.

Wenn Sie Angst zulassen, können Sie die Krise besser meistern, und Ihr Selbstwertgefühl wird steigen.

Die Angst hat zwei Seiten

Wenn wir ihre positive Seite hervorlocken wollen, müssen wir uns mit ihr verbünden. Sie ist einerseits eine natürliche Erfahrung, die jeder Mensch viele Male in seinem Leben macht, hat eine sichernde und beschützende Funktion, um das Überleben zu gewährleisten. Die Angst übernimmt eine Art Polizeifunktion für uns. Sie stellt eine notwendige, physiologische Vorbereitung auf gefährliche und bedrohliche Situationen dar und unterstützt die situationserfassende Vorbereitung auf das, was da möglicherweise eintritt. Sie leitet also auch eine intellektuelle Leistung ein.

Angst mahnt uns zur Vorsicht und ist hilfreich, um eine Gefahr realistisch einschätzen zu können.

<small>Weichen wir aus, bekommen wir es mit unserer Angst zu tun.</small>

Es gibt also die **lebenserhaltende Angst,** die als Impuls zur konstruktiven Bewältigung einer Situation verstanden und dann auch aufgenommen und in konstruktives Handeln umgesetzt wird, die am Ende ein Gefühl der Stärke und des Selbstvertrauens weckt und es gibt die **krankmachende Angst,** die nicht gehört werden will, die an falschen Stellen Signale setzt, die wir fliehen wollen, die letztendlich ein Gefühl der Ohnmacht, des Ausgeliefertseins und der Hilflosigkeit hinterlässt.

> **Angstbewältigung kann gelingen**
>
> Wenn sich Menschen gegenseitig helfen und ihre Angst mit anderen teilen, macht sie das stark und schafft ein Gefühl von Heimat, obwohl sie sich der Angst ausgeliefert fühlen. Je genauer wir unsere Ängste erkennen, differenzieren und uns ihnen stellen, umso besser können wir sie bewältigen.

Ich wünsche Ihnen viele »angstvolle« Momente der positiven Verwandlung. Doch Sie merken schon: Der eigene Umgang mit der Angst hat wichtigen Modellcharakter für unsere Kinder.

Welche Ängste haben Kinder?

Jeder Entwicklungsschritt von Kindern wird von unterschiedlichen Ängsten begleitet. Oft sind Kinderängste denen von Erwachsenen sehr ähnlich.
Doch Kinder erleben ihre Ängste anders, bringen sie anders zum Ausdruck und gehen auch als Erwachsene anders mit ihnen um.

Wovor Kinder Angst haben

Kinder haben noch nicht so viel Erfahrung mit ihren Ängsten und oft entzieht sich ihnen auch der Grund dafür, warum sie Angst haben. Während Erwachsene Ursachenforschung betreiben, ist das Kind darauf angewiesen, dass wir es darin unterstützen, Gründe für seine Angst zu finden und vor allen Dingen den Bedeutungsrahmen um die Angst herum so verändern zu helfen, dass das Kind mit der Angst weiterleben kann und es nicht von ihr blockiert und vom Leben abgehalten wird.

Kinder haben Ängste:
- vor dem Alleinsein bzw. vor dem Verlassenwerden
- vor Ablehnung und Liebesentzug
- die den eigenen Körper betreffen
- vor bestimmten Träumen
- vor der Dunkelheit und vor dem Einschlafen

Die Ängste der Kinder unterscheiden sich kaum von denen der Erwachsenen. Kinder erleben ihre Ängste allerdings oft sehr viel intensiver als Erwachsene und fühlen sich ihnen noch stärker ausgeliefert, ähnlich einer Nussschale, die auf dem aufgewühlten, offenen Meer hin und her geworfen wird. Kinder sind von ihren Ängsten zuweilen ganz besetzt und ausgefüllt.
Erwachsene können ihre Ängste reflektieren, sich von ihnen distanzieren, ihnen einen bestimmten Platz einräumen oder auch zuweisen, sie können ihre Ängste kontrollieren und sogar ignorieren. Sie können mit ihrer Angst ein ernstes Wörtchen reden, und sie können ihrer Angst gut zureden. Sie können sich Mut machen und sich trösten. Sie können all dies, weil sie schon viele Erfahrungen mit Angst gesammelt haben und dadurch ein Gespür dafür haben, wie sie mit ihren Ängsten am Besten umgehen, um sie zu besänftigen und um ihnen einen hilfreichen Platz einzuräumen.

Kinder sind »ihre Ängste« mit Haut und Haaren, während Erwachsene Ängste haben.

Was aber, wenn sich ein Kind nicht wahrgenommen und verstanden fühlt mit seiner Angst? Oder noch schlimmer, was, wenn Eltern die ureigensten Bedürfnisse ihrer Kinder gar nicht erkennen und deshalb Bedingungen schaffen, die das Kind überfordern oder unterfordern? Haben Kinder deshalb Angst, weil die Bedingungen nicht kindgerecht oder nicht altersgemäß sind, dann werden die Eltern natürlich kaum einen Zugang zu den Ängsten ihres Kindes bekommen, weil diese darauf beruhen, dass nicht gut für es gesorgt ist. Kinder behalten Ängste, die solche Wurzeln des elterlichen Nichtwissens haben, für sich, schon allein auch deshalb, weil sie sich ein gutes Elternbild bewahren wollen. Kinder fühlen sich paradoxerweise im schlimmsten Falle sogar noch schuldig dafür, dass sie solche Ängste haben.

Keine Lust auf Hirngespinste?

Für das Kind fühlt sich das an, als ob es sein Haus mit einem Tiger teilt. Tiger sind unberechenbare Raubkatzen, sie reißen auch dann, wenn sie gar keinen Hunger haben. Sie können sich vorstellen, wie diese inneren Empfindungen den Alltag des Kindes dann mitbestimmen. Wer Angsterregendes von außen oder innen nicht steuern kann, kann kein selbstbewusstes Eigengefühl entwickeln. Kindliche Ängste zeigen sich dann als Ausweg oft indirekt über Bilder, die sie aus dem Inneren heraus kreieren. Sie zeigen ihre Angst in Form von Hexen, Wölfen, Gespenstern, sie haben Angst vor Handschuhen, vor der Dunkelheit, vor Blut, vor bärtigen Männern, vor scharfen Gegenständen, vor Riesen oder gar vor Kröten.

> **Kinder machen Ängste oftmals nur mit sich aus.**

Zu rege Fantasie?
So beklagte sich einmal eine alleinerziehende Mutter bei mir recht unwirsch und ungeduldig über die Ängste ihres Kindes. Ihre Tochter habe eine recht rege Fantasie. Es sei furchtbar, was

sich ihr Kind so alles zusammenreime. Sie wundere sich, wo es all diese Geschichten und Spinnereien her hat. Sie habe gar keine Lust, sich mit diesen Hirngespinsten zu befassen.
»Immer wieder sage ich ihr, es gibt keine Hexen, oder du brauchst keine Angst haben vor irgendwelchen Drachen und Ungeheuern, trotzdem hört das Kind nicht auf, sich an mich zu klammern, sobald ich zu Hause bin. Also von mir hat sie das nicht. Auch kann sie ohne mich nicht einschlafen. Aber wenn ich müde von der Arbeit komme, möchte ich nicht gerade die restliche Zeit im Bett meiner Tochter verbringen. Wenn ich es tue, schlafe ich meist selbst ein und der Abend ist für mich gelaufen.«

Ein paar Fragen

Über mein Nachfragen stellte sich heraus, dass das achtjährige Mädchen über weite Strecken des Tages auf sich allein gestellt war. Es schaute über Stunden fern und das kreuz und quer, nicht nur, wenn die Mutter nicht da war, sondern auch, wenn die Mutter da war, und es schaute immer allein. Es nahm offensichtlich viele Bilder und Geschichten in sich auf, für die es noch nicht reif war.

Das Mädchen musste über viele Stunden allein zu Hause bleiben.

Ich versuchte der Mutter einerseits zu vermitteln, dass Kinder in diesem Alter immer auch noch auf die Anwesenheit von Erwachsenen angewiesen sind oder mindestens auf das Gefühl, von ihnen gesehen zu werden, in dem, was ihre Situation ausmacht.

- »Haben Sie denn Ihrer Tochter schon einmal gesagt, wie dankbar Sie sind, dass sie das alles so gut mitträgt und dass Sie eigentlich wissen, dass sie damit noch überfordert ist?
- Haben Sie ihr dafür schon einmal als Ausgleich eine besondere Art der Zuwendung angeboten? ›Komm, heute am Samstag lassen wir es uns einmal ganz besonders gut gehen. Ich möchte mit dir ins Schwimmbad gehen, einen Ausflug mit dir machen und hören wie deine Woche war …‹«

Zum anderen versuchte ich ihr zu sagen, dass es besser wäre, zusammen mit dem Kind fernzusehen. Oftmals bräuchten die Kinder Unterstützung, um das, was sie am Bildschirm erleben, verarbeiten zu können.

Im ersten Moment war die Mutter nicht in der Lage, meine Handlungsangebote aufzunehmen. Sie war ganz gefangen von dem »komischen« Gebaren ihrer Tochter, das ihr Nerv und Zeit raubte und zu dem sie dazu auch keinen Zugang fand. »Manchmal denke ich schon, dass sie regelrecht eine Angstkrankheit hat. Sie kann z. B. nur noch tagsüber aufs Klo. In der Nacht vermeidet sie es, wie der Teufel das Weihwasser. Auch muss sie sich den ganzen Tag immer wieder die Hände waschen, weil sie das Gefühl hat, etwas angefasst zu haben, was sie dreckig macht.«

Die Tochter »raubt« der Mutter Zeit und Nerven, doch beide brauchen Aufmerksamkeit.

Ich könnte dieser Mutter sagen: »Das Kind will eben mit seinem Tagesbewusstsein kontrollieren, was es wieder hergibt. Da scheint so viel Unverdautes dabei zu sein, was ihm Angst macht. Ihr Kind kommt mit so vielen Dingen in Berührung, denen es nicht wirklich gewachsen ist. Daher ist es verständlich, dass es diese am liebsten abwaschen würde, um sie wieder loszuwerden. Das Kind bräuchte eindeutig Ihre wache Aufmerksamkeit als Mutter beim Verdauen dieser Erlebnisse und ebenso beim Bewältigen der Empfindungen. Natürlich bräuchte es auch einen mehr Halt und Wärme gebenden Rahmen.«
Es ist schwer, einer Mutter dies zu vermitteln, ohne ihr Schuldgefühle zu machen und ihr das Gefühl zu geben, dass sie eine schlechte Mutter ist. Im Grunde muss sie es für sich selbst entdecken. Aber vielleicht wäre die Mutter am Ende froh, wenn sich ihr die Zusammenhänge um die Angst ihrer Tochter herum erschließen würden. Möglicherweise hat die Mutter den Anspruch, es alleine schaffen zu müssen, die Aufgaben von zweien übernehmen zu müssen und niemand sonst zu brauchen, dass sie sich selbst auch viel zu hart »an die Kandare« nimmt.

> **Hinhören und wahrnehmen**
>
> Die Kinder sprechen in Bildern und Handlungen zu uns, die zunächst nicht unbedingt die Verbindung zu ihrer eigentlichen Angst offenbaren. Wir müssen hinhören und die Zeichen unserer Kinder aufmerksam wahrnehmen lernen.

Wir dürfen nicht alles, was sich in unserer erwachsenen Welt nicht gleich einordnen lässt, als Fantasiegebilde abtun. Die Bilder des Kindes sollten wir aber auch nicht einfach mit unseren Bedeutungsgebungen überfrachten, sondern wir können sie dem Kind nur anbieten und müssen warten, ob unsere Versuche beim Kind eine Resonanz finden.

Oft genügt es schon, die Kinder in Ruhe anzuhören.

Wenn Kinder Angst haben, haben sie eine flaue Leere im Bauch, schwabblige Knie, starkes Herzklopfen und sind begleitet von unruhigen Gefühlen rund um die betreffende Situation. All das gehört in den normalen Alltag von Kindern, ohne dass wir gleich Schlimmstes befürchten müssten. Wenn wir uns den Ängsten der Kinder bewusst zuwenden, lösen sich die meisten recht schnell wieder auf.

Kindliche Verarbeitung von Ängsten

Kinder verarbeiten oftmals ihre Angst, indem sie die Angstsituation immer wieder neu durchleben. Immer wieder wollen sie sich das Erlebte erneut erfahrbar machen und variieren dabei den möglichen Ausgang. Das wiederholte Durchleben der Angst auslösenden Ereignisse kann dann ganz verschiedene Formen annehmen. Die Kinder sind so kreativ, dass sie einfach die Rollen wechseln, um in eine andere Gefühlslage zu kommen.

Rollenwechsel

So kann ich mich an einen siebenjährigen Jungen erinnern, der bei mir in Therapie war. Er musste wegen einer Phimose, einer Vorhautverengung, die ihm zu schaffen machte, im Krankenhaus operiert werden. Zur nächsten Therapiestunde kam er zur Tür herein und verkündete mir sogleich, dass wir heute Krankenhaus spielen, er Oberarzt sei und ich mich doch schon einmal aufs Bett legen und mich frei machen solle (so tun als ob natürlich). Er sägte mir im Spiel den Kopf auf, nahm mir die Kniescheiben heraus, schnitt mir den Bauch auf und hörte gar nicht auf, an mir herumzuoperieren. Dabei musste ich auf seine Anweisung hin die Augen geschlossen halten. Er tat dies mit einer solchen Vehemenz, dass ich mich bei ihm vergewissern musste, dass es auch wirklich bei den symbolischen Handlungen blieb. Ich rief dann um Hilfe, wollte, dass der Chefarzt kommt, spiegelte ihm, wie ohnmächtig und hilflos ich mich fühle, zeigte ihm meine Angst und rief, er solle jetzt doch bitte aufhören. »Gnade, Gnade«, rief ich ihm zu, aber der Oberarzt hatte kein Ohr für meine Anliegen und machte einfach weiter. Er wollte mein Bitten und Flehen einfach nicht erhören. Irgendwann bin ich dann nach der Operation im Rollenspiel erschöpft eingeschlafen.

Es war interessant zu sehen, wie der Junge durch den kreativen Rollenwechsel, sich selbst in die Situation des mächtigen Arztes brachte, der gar kein Gespür für seinen kleinen Patienten hat und wie er mich in die Rolle des Patienten einlud, der ihm vorspielt, was man alles für Gefühle hat, wenn man in eine solche Situation kommt. Er konnte durch dieses Spiel praktisch aus der Distanz noch einmal seine Gefühle durchleben bzw. zusehen, wie sie ein anderer durchlebt. Damit hatten sie ein klein wenig ihren Schrecken und ihre Mächtigkeit verloren.

Zum Abschluss hat mir der Junge noch erzählt, dass alles gar nicht so schlimm war. Er musste also nur das mächtige Gefühl des Ausgeliefertseins noch einmal nachspielen, um die Operation ad acta legen zu können.

Ein Beispiel, wie Kinder starke Eindrücke verarbeiten.

Kinderbilder, Kinderträume

Die Macht der kindlichen Ängste verliert sofort an erschreckender Größe, wenn die Angst dargestellt oder versprachlicht werden kann. Gelingt es dem Kind, die Ohnmachtssituation gegen die mächtige Rolle einzutauschen, ist mindestens eine gesunde Verarbeitung in Gang gesetzt worden.

Sie äußern das Erlebte im Spiel und in ihren Geschichten, oder lassen sich beim Verarbeiten helfen (Was haben wir gemacht? Und was ist dann passiert? Und wer hat mir geholfen? Warum ist da so lange niemand gekommen? Was hab ich dann gemacht? Hab ich geschrien? Hat es geblutet?) oder sie reagieren darauf auch mit Verhaltensauffälligkeiten, Schlafstörungen, gestörtem Essverhalten, schlechter Konzentration oder mit besorgniserregenden Schulresultaten. Indem wir beobachten, was sie tun, können wir die einzelnen Kinder im nochmaligen Durchleben eines Erlebnisses besser verstehen.

> **Versuch einer Lösung**
>
> Schlimme Erfahrungen können auch dann zu Verstörungen oder zu auffälligem Verhalten führen, wenn uns das Verstehen gelingt. Denken Sie bitte immer daran: Vom Kind her betrachtet ist auch ein solches Verhalten der Versuch einer Lösung und kein Verhalten, das die Eltern ärgern will.

Kinder sehen Bilder vor sich, schrecken plötzlich auf, haben Furcht erregende Träume, finden keine Ruhe, laufen sich selbst davon, spielen Spiele, in denen immer wieder Fragmente des Erlebten auftauchen (s. a. S. 58). Oft reagieren die Kinder auch mit Angst- und Wiederholungsträumen. So träumt ein Kind davon,

dass es versucht, als Feuerwehrmann den Flammen Herr zu werden. Ein anderes Kind träumt, auf einem viel zu großen Pferd zu sitzen, es hat Angst, diese Lebenskräfte nicht bändigen und führen zu können. Das Kind wacht schweißgebadet auf.
Nicht selten entwickeln die Kinder dann Angst vor dem Einschlafen. Das alles können Signale dafür sein, dass sich das Kind mit sich selbst und in seinem Körper nicht mehr wohl fühlt.

Angstträume geben Hinweise auf die innere Bewegung der Kinder.

Alle Menschen, Kinder im Besonderen, sind durch traumatische Erfahrungen verwundbar. Kinder, die von Natur aus schon ängstlich sind, werden durch besorgniserregende Geschehnisse noch tiefer getroffen.
Manche Erwachsene denken, Kinder könnten schnell vergessen und schmerzliche Erinnerungen würden bald wieder verschwinden. Aber das ist nicht immer richtig. Kinder sind eigenständige, empfindsame Persönlichkeiten. Ernste Vorkommnisse in ihrem Leben stören ihre gesunde Entwicklung. Ein Risiko bleibender Verwundung, z. B. Entwicklungsverzögerungen bzw. -beeinträchtigungen, besteht immer.

Die Welt der Fantasie

Was aber den Kindern tatsächlich bei der Angstbewältigung und -verarbeitung hilft, ist ihre Fantasie. Das Kind hat das Vermögen – angestoßen durch äußere Wahrnehmung – ein fantasiertes Bild zu entwerfen. Ebenso können die Kinder Traum- und Gedächtnisbilder aufsteigen lassen. Die Einbildungskraft ermöglicht es, abwesende Dinge und vergangene Ereignisse zu vergegenwärtigen oder bildhaft die eigene Befindlichkeit und Situation zu erzählen, die sich nicht direkt ausdrücken kann. Wenn wir die imaginierten Bilder ansprechen oder in ihnen sprechen oder sie fortsetzen und mitgestalten, bieten wir dem Kind Einstellungs- oder sogar Handlungsalternativen an. Bei Kindern wird die Fantasie durchaus zum künstlerischen Vorstellungsver-

Fantasie ist erkenntnisreich, sie kann spielerisch und psychisch wirken.

mögen und zeichnet sich dadurch aus, dass sie die Gabe des Schöpferischen besitzt. Fantasie gibt nicht bloß wieder, sondern lässt gänzlich Neues entstehen. Die Fantasie bindet ein enormes Maß an Energie. Eine Fantasie, die den Lebensnerv des Kindes trifft, setzt also auch entsprechend viel Energie frei. Die aufsteigenden Fantasiebilder der Kinder wollen zwischen Körper und Geist, Vergangenheit, Gegenwart und Zukunft vermitteln. Sie helfen ihnen, zu sich zu kommen, weil sie ihre Befindlichkeit treffen können.

Zwei Zuhause

So haben wir vor einem Jahr einen Jungen aus Ghana in unserer Familie aufgenommen, mit dem Wunsch ihn zu adoptieren. Damals war George 1 ½ Jahre alt. Meine Frau hat vier Monate in Ghana mit ihm gelebt, ehe sie gemeinsam nach Deutschland kamen, so dass sie ein wenig Brücke für ihn sein konnte. Sie ist für ihn ein Stück vertraute Heimat schon dort geworden, ehe sie hierher kamen. Mittlerweile ist der Junge 2 ¾ Jahre alt. Er spricht immer wieder über seine Heimat in Afrika, über seine Grandma, über die Menschen, die ihm dort wichtig sind und wir unterstützen das auch. Er hat also zwei Zuhause. Wo gehört er hin? Diese Frage beschäftigt ihn auf seine Weise. Zudem muss er sich damit auseinandersetzen, dass er dunkle Haut hat und die meisten Menschen in seiner Umgebung helle, so auch wir. Einmal sagte ein anderes Kind zu ihm. »Du hast aber dunkle Haut«, da meinte er: »Siehst du nicht, (drehte dabei die Handinnenflächen nach außen) meine Hände sind auch ganz hell.« Immer wieder fragt er nach, wie er mit meiner Frau nach Deutschland gekommen ist. »Mit dem Flugzeug«, lautet regelmäßig die gleiche Antwort. Plötzlich kommt der kleine Knirps unvermittelt auf uns zu und sagt: »Ich werde Pilot, dann kann ich zwischen Deutschland und Ghana hin und her fliegen.« Seine Fantasie hat in kreativer Weise nach einer Lösung für sein Dilemma gesucht und auch eine gefunden. Als Pilot kann er die beiden Welten miteinander verbinden, keine geht verloren. Die Angstspannung nimmt mit diesem Bild ab, und die Zuversicht wächst, auch wenn das Pilotwerden noch eine Weile dauert. Ich habe die Situation aufgegriffen und ihm einen kleinen ferngesteuerten Hubschrauber geschenkt, den er selber bedient. So kann er aktiv seine Kräfte einsetzen und schulen.

Wo die Seele wohnt

Der Raum der Fantasie ist eigenwillig, er lässt Kinder in sich wohnen, bevor sie noch krabbeln können. Für viele Erwachsenen ist dieser Raum verschlossen. Sie sind befremdet, wenn die Kinder sprudelnd bildhaft Fantasiertes erzählen. Natürlich dürfen wir nicht der Illusion anheimfallen, in dem Raum der Fantasie leben zu dürfen, das mag der eigenwillige Raum nicht. Wir sollten vielmehr die Fantasie bitten, uns von sich aus an die Hand zu nehmen, um uns durch ihren ganzen Raum zu führen, damit wir ein Gespür für unsere Möglichkeiten entwickeln können. So können wir entdecken, was für die Kinder selbstverständlich ist, nämlich, dass unsere Seele auch hier wohnt, mit ihren Wünschen, ihren Ängsten, ihren Sehnsüchten und ihren schöpferischen Möglichkeiten. In der Fantasie weben unsere Kinder an den Bildern ihrer Zukunft. In der Fantasie können sie noch einmal Situationen nacherleben, die sie schon erlebt haben. Hier können sie sich in andere Menschen hineinversetzen, nachfühlen, wie ihnen zumute sein mag. Von hier aus können sie sich auch veränderte Situationen vorstellen, können sich vorstellen, wie eine Situation verändert werden könnte. Abenteuerlich ist das Erleben im Raum der Fantasie. Hier verweben sich erlebte Wirklichkeit und der psychische Hintergrund unserer Kinder zu einem organischen Bilderteppich. Fantasie und Wirklichkeit treten in Dialog und verändern so auch die äußerlich erfahrbare Welt unserer Kinder.

Fantasie ist Ausdruck seelischer Eigentätigkeit.

Im freien Raum der Fantasie sind sie die Schöpfer und erfinden ihre eigene Welt, alles fügt sich ihren Wünschen und Zielen.

- Versuchen Sie Reiseführer zu sein für die Expeditionen, die Ihre Kinder antreten.
Denn in den Bildern lauern auch Ängste, Befürchtungen, Bedrohungen, denen sich die Kinder stellen müssen, es ist die gleiche Welt der Fantasie, in der sie auch auftanken.
- Fantasieren und fabulieren Sie mit Ihren Kindern. Die Rollenspiele, die Kinder mit Kindern spielen, sind oftmals eine Fortsetzung der Verschränkung von erlebter Wirklichkeit, psychischem Erleben und Fantasie. Spielen Sie mit, lassen Sie sich Rollen zuschreiben, haben Sie den Mut auch zu schwachen Rollen, damit sich die Kinder wenigstens hier im Spiel einmal stark und unverwundbar fühlen können.

Die Welt der Märchen

Kinder sind Weltmeister im Geschichten erzählen und erfinden, und sie lieben es, auch Geschichten erzählt zu bekommen. Ganz besonders lieben sie Märchen, gerade weil sie dort mit den Ängsten konfrontiert werden, denen sie sich (oft auch brutal) ausgeliefert fühlen und vor denen sie sich fürchten: z. B. dem Ausgestoßen- und Verlassenwerden, dem Bestraftwerden usw. Im Märchen werden Kinder von Wölfen aufgefressen, Aschenputtel muss völlig verkannt und in Einsamkeit in Lumpen leben, Kinder werden von einem Jäger im Wald zurückgelassen oder sie finden sich in der Rolle des Schneewittchens wieder, denn es gehört zu den Urängsten eines jeden Kindes, dass die Mutter es lieber tot als lebendig haben wollte. Ganz sachlich geht das Märchen an die Probleme heran, macht die Nöte der Helden sichtbar und führt nach vielen bestandenen Gefahren den Helden auf einer höheren Ebene wieder einer Lösung zu.

Märchen helfen den Kindern, ihre eigenen Ängste zu erkennen.

> **Hoffnung trägt**
>
> Lassen Sie sich ein auf die Welt der kindlichen Bilder und dort, wo es Ihnen schwerfällt, Ihren Kindern auch eigene Bilder anzubieten, die von diesen aufgenommen werden, greifen Sie einfach auf Märchen zurück, die fast für alle Lebenslagen Entwicklungswege aufzeigen, die in der Zuversicht enden.

Verborgene Möglichkeiten

Kinder lieben Märchen, auch deshalb, weil sie oft von Angst handeln, ohne dass das Märchen das ausspricht. Es ist sogar eher selten, dass die Angst erwähnt wird. Wenn wir aber ein Märchen hören und uns in seine Bildwelt vertiefen, dann erfasst uns oft eine Angst um den Helden oder um die Heldin, etwa wenn Schneewittchen immer wieder vergiftet wird oder wenn Hänsel und Gretel allein im Wald zurückgelassen werden oder wenn die Hexe sie so bitterböse anredet. Indem die Helden die Gefahren und die Bedrohungen überstehen, können auch wir wieder aufatmen. Wir haben mit dem Helden ein Stück Angst bewältigt.

So gesehen gibt es kaum ein Märchen, das nicht von der Angst handelt. Und von den Märchen her gesehen – die ja immer Wege der Entwicklung darstellen, die aus typischen, menschlichen und scheinbar unlösbaren Problemen doch zu einem gangbaren Weg führen – muss man sagen, dass jede Entwicklung mit Angst und mit Überwindung von Angst verbunden ist. Kinder können das, wenn auch unbewusst, heraushören. Das Schöne am Märchen gerade auch für Kinder ist, dass es hilft, selbstverständliche Zuversicht zu gewinnen.

In den Märchen werden aufkommende Ängste als Entwicklungsherausforderungen verstanden.

> **Wege finden, Wege gehen**
>
> In vielen Bildern sprechen Märchen von verborgenen Möglichkeiten, die überall auf dem Wege liegen und die von Menschen, die nicht wahrnehmungsfaul oder feige sind, aufgefunden werden können, egal wie aussichtslos, sich die Ausgangslage darstellt.

Dass Angst zum Menschen gehört und ihn erst menschlich macht, ist in all jenen Märchen ausgedrückt, in denen einer auszieht, um das Fürchten zu lernen.

Märchen sind ein Wegbereiter für die Entwicklung.

Das Märchen handelt immer von etwas, das den Fortgang des Lebens bedroht – meistens dargestellt in der Ausgangssituation des Märchens – und es zeigt, welcher Entwicklungsweg aus diesem Problem heraus- und in eine neue Lebenssituation hineinführt. Wir wissen alle, dass dieser Entwicklungsweg jeweils auch noch Umwege, Gefahren oder Scheitern in sich birgt. Das sind – nun übersetzt – Gefahren, die unseren Kindern auf ihren Entwicklungswegen genauso drohen, wie den Helden im Märchen. Sie betrachten den Helden im Märchen quasi als Modellfigur, der durch sein Verhalten eine Problemsituation aushält und den Weg beschreitet, der nötig ist, um das Problem zu lösen.

So ein kleiner Mensch, der z. B. im Kindergartenalter ist, hat praktisch schon das Leben in seiner Grundstruktur in Erfahrung gebracht. Er hat Gutes und Böses, Bergendes und Aussetzendes, Freudiges und Schmerzliches, Quälendes und Labendes, Vergewaltigendes und Befreiendes, Heiteres und Trauriges, Gesundes und Krankes, Angsterzeugendes und Erlösendes erlebt – und das alles in einer spezifischen Mischung mit positiv-ermunternder oder negativ-begrenzender Qualität. Er sieht sich einer Fülle von Leben ausgesetzt, welches schon durch seine Unüberschaubarkeit bedrohlich erscheint. In dieser chaotischen Fülle bringt die

Weisheit der Volksmärchen erste Ordnungsstrukturen hinein. Ihr Grundtenor lautet: Vertraue! Selbst in den aufregendsten und schrecklichsten Geschichten klingt es ständig durch. Erwachsene mit verschulten Köpfen können die darin enthaltene Nachricht meist nicht mehr hören. Aber Kinder hören sie. Dass die böse Hexe verbrannt wird, erscheint ihnen nicht grausam, sondern Hoffnung stiftend und Zuversicht weckend.
Wo Leben ist, da ist auch Vertrauen. Natürlich ist es mehr oder weniger stark oder schwach, aber ohne jede Spur von Vertrauen ist Leben zum Tode verurteilt.

Wegweiser und Botschafter

Kinder haben schon verschiedene Vertrauenserfahrungen hinter sich. Die elementarste macht ein Mensch zweifellos in der Geborgenheit des Mutterschoßes. Bei der Geburt wird diese biologische Symbiose aufgehoben, das Durchtrennen der Nabelschnur zeigt das an. Diese Vertrauenserschütterung, die jedoch notwendig ist, damit das Leben sich weiterentwickeln kann, wird aufgefangen in der Mutter-Kind-Beziehung. Sie nimmt zuerst noch quasi-biologische Form an, wenn die Mutter den Säugling an ihrer Brust nährt. Sie verwandelt sich aber zusehends in eine seelisch-geistige Beziehung, die das erschütterte Vertrauen des kleinen Lebewesens auf einer neuen Stufe wieder herstellt.
Mit drei Jahren etwa fängt das gesund entwickelte Kind an, ohne Ängste eigene Abenteuer zu erproben. Von nun an wird es zusehends offener, auf einer neuen Stufe ein mutterungebundenes Vertrauen zu gewinnen. Und da setzen ab dem 4./5. Lebensjahr die Märchen hilfreich ein. Sie sprechen dem Kind Vertrauen zu: »Du musst jetzt nicht mehr unter Mutters Fittichen bleiben, mach deine Augen auf, schau, so geht es zu auf der Welt – aber sei unverzagt! Wer vertraut, dem ist der gute Ausgang gewiss!«

Vertrauen entsteht über die gefühlte und bewältigte Angst.

Die Märchen vermitteln diese neue Vertrauenserfahrung aber nicht einlullend, blind machend oder oberflächlich beruhigend. Nein, sie zeigen die Wirklichkeit in ihrer ambivalenten Struktur. Das Kind lernt in den Geschichten in Identifikation mit den jeweiligen Protagonisten: Ich habe eine Aufgabe und ich muss sie bestehen.

> **Sei ja nicht faul im Wahrnehmen!**
>
> Märchen weisen dir den Weg durch das Leben, durch die Wahl des Weges und die Art, wie sich die Figuren verhalten. Sie führen uns zu der Erkenntnis:
> Öffne alle Sinne, lass dich betroffen machen von dem, was du wahrnimmst, von dem, was du siehst, hörst, fühlst, schmeckst, riechst – und handle nun.

In Märchenbildern und -botschaften sieht das dann z. B. so aus:

- Der Baum ruft: »Schüttle mich, schüttle mich, ich kann die Last nicht mehr tragen!« — In »Frau Holle« ruft das Brot: »Zieh mich raus, zieh mich raus, sonst verbrenne ich, ich bin schon längst ausgebacken.«
- Wenn du etwas falsch gemacht hast, gib nicht auf, versuch's noch einmal, solange, bis es dir gelingt. Es wird gelingen!
- Lass dich nicht von Qualen schrecken – schweige still und gehe tapfer und mutig hindurch.

Die Märchen vermitteln Werte- und Grundhaltungen, die in Bezug auf das eigene Leben weiterführen. Die Kinder selbst können die Märchen noch nicht rational erfassen, sie saugen sie eher mit der »Milch des Märchens« in sich hinein und bauen sich mit ihrer Hilfe eine Art Lebensprogramm auf. Das Ringen um den

Sinn des Lebens ist kein Rezept für die erfolgreiche Angstbewältigung, aber wichtige Grundlage dafür. Wenn wir nicht einfach in den Tag hinein leben, sondern uns unserer Existenz voll bewusst sein wollen, ist es unsere größte und zugleich schwerste Aufgabe, unserem Leben einen Sinn zu geben. Man weiß, dass viele Menschen den Lebenswillen verloren und den Kampf aufgegeben haben, weil dieser Sinn sich ihnen entzogen hat. Heute liegt, wie in früheren Zeiten auch, die wichtigste und schwierigste Aufgabe der Erziehung darin, dem Kind dabei zu helfen, einen Sinn im Leben zu entdecken. Dazu sind viele Wachstumserfahrungen notwendig. Das Kind muss in seiner Entwicklung lernen, sich selbst immer besser zu verstehen. Dann vermag es auch andere zu verstehen und schließlich befriedigende und sinnvolle Beziehungen mit ihnen herzustellen.

Eltern haben die Aufgabe, dem Kind einen Sinn für sein Leben entdecken zu helfen.

Das Zurechtfinden in der Gesellschaft

Aus den Märchen erfährt man viel über die inneren Probleme des Menschen und über die richtigen Lösungen für seine Schwierigkeiten in der Gesellschaft, mehr als aus jeder anderen Art von Geschichten im Verständnisbereich des Kindes. Da das Kind der Gesellschaft, in der es lebt, ständig ausgesetzt ist, lernt es natürlich, sich in ihren Verhältnissen zurechtzufinden, wenn seine inneren Kräfte es dazu befähigen.
Das Kind braucht Anregungen, wie es in seinem Inneren und danach auch in seinem Leben, Ordnung schaffen kann. Es braucht – und dies zu betonen ist in unserer Zeit notwendig – eine moralische Erziehung, die ihm unterschwellig, die Vorteile eines menschlichen Verhaltens nahebringt, nicht aufgrund abstrakter ethischer Vorstellungen, sondern dadurch, dass ihm das Richtige greifbar vor Augen tritt und deshalb sinnvoll erscheint. Das Märchen setzt in einem sehr viel tieferen Sinn ein, nämlich dort, wo sich das Kind in seiner seelischen und emotionalen

Existenz befindet. In den Märchen kommen die heftigen, inneren Spannungen des Kindes so zum Ausdruck, dass es diese unbewusst besteht; und ohne die heftigen inneren Kämpfe des Heranwachsens herunterzuspielen, bieten sie Beispiele dafür, wie bedrückende Schwierigkeiten vorübergehend oder dauerhaft gelöst werden können.

> **Fantasiebilder**
>
> Die Märchen haben einen unschätzbaren Wert, weil sie der Fantasie des Kindes neue Dimensionen eröffnen, die es selbst nicht erschließen könnte. Was noch wichtiger ist: Form und Gestalt der Märchen bieten dem Kind Bilder an, nach denen es seine Tagträume ausbilden und seinem Leben eine bessere Orientierung geben kann.

Die Reaktionen der Eltern

Wir dürfen den Kindern nicht nur die »Schokoladenseite« der Dinge zeigen.

Bei nicht wenigen Eltern herrscht immer noch die Meinung vor, man müsse ein Kind von dem, was es am meisten bedrückt, ablenken, also von seinen gestaltlosen, namenlosen Ängsten und von seinen chaotischen, zornigen oder auch gewalttätigen Fantasien. Viele Eltern glauben, man sollte das Kind nur mit bewusster Wirklichkeit oder angenehmen, wunscherfüllenden Bildern konfrontieren. Aber eine solche einseitige Wegzehrung nährt die Persönlichkeit auch nur einseitig. Das wirkliche Leben hat eindeutig Schattenseiten, das sollten wir niemals vergessen. Unsere Kinder sollen vielmehr glauben, sie seien von Natur aus gut. Kinder wissen aber, dass sie nicht immer gut sind, und oft, wenn sie es sind, wären sie es lieber nicht. Dies widerspricht dem, was sie von den Eltern hören, und auf diese Weise kann ein Kind in seinen eigenen Augen zu einem Ungeheuer werden. Ein Kind ist oft verzweifelten Gefühlen der Einsamkeit und Absonderung ausgesetzt. Meist kann es diese Empfindungen nicht in Worte ausdrücken oder doch nur indirekt: Angst vor dem Dunkeln, vor einem Tiger, Angst vor anderen Menschen und um seinen Körper.

Eltern ist es unbehaglich, wenn sie solche Emotionen bei ihrem Kind entdecken; sie neigen dazu, darüber hinwegzugehen oder sie – aus eigener Angst heraus – herunterzuspielen in dem Glauben, dies werde die Angst des Kindes überdecken (s. S. 111 f.). Das Märchen dagegen nimmt diese existentiellen Ängste sehr ernst und spricht sie unmittelbar aus: das Bedürfnis, geliebt zu werden und die Furcht, als nutzlos zu gelten; die Liebe zum Leben und die Furcht vor dem Tode. Zudem bietet das Märchen seine Lösungen so an, dass das Kind sie verstehen kann.

Gerade wenn es uns unbehaglich wird, dürfen wir nicht einfach wegschauen.

In unserer Kultur besteht die Neigung, besonders, wenn es um Kinder geht, so zu tun, als existiere die dunkle Seite nicht. Doch genau hier setzen die Märchen ein, ihre Botschaft ist klar: Der Kampf gegen die heftigen Schwierigkeiten des Lebens ist unvermeidlich und gehört untrennbar zur menschlichen Existenz. Wenn man aber nicht vor ihm zurückschreckt, sondern den oft unerwarteten und oft ungerechten Bedrängnissen standhaft gegenübertritt, überwindet man alle Hindernisse und geht schließlich als Sieger aus dem Kampf hervor.

Kinder brauchen Wahrheit

Viele Eltern sind nicht bereit, ihren Kindern zu sagen, dass manches, was im Leben nicht richtig ist, seine Ursache in unserer menschlichen Natur hat, in der Neigung aller Menschen, aus Zorn und Angst aggressiv, unsozial, egoistisch zu handeln.

Träume – Albträume

Wachstumserfahrungen bilden die Grundlage für die Erweiterung unseres Daseins. Ein Kind durchläuft unablässig Wachstumsprozesse, und natürlich ist die Angst vor den ständigen Neuerungen und Veränderungen ein häufiger Begleiter. Während Erwachsene Wert auf Reflexionen, Deutungen oder Analysen legen, verstehen Kinder ihre Träume direkt. Auch wenn sie nach der Bedeutung eines Traumes fragen, wäre es falsch, ihnen eine rationale Interpretation zu geben. Besser ist es, mit dem Kind in die Bilderwelt hineinzugehen. Wie bei den Märchen braucht die Bilder- und Symbolwelt keine Übersetzung. Dadurch kommt ein Element spielerischer Leichtigkeit in den Umgang mit Träumen, von dem Erwachsene profitieren.

Etwas ganz Schaurig-Schönes

Albträume sind mit ihrer großen Dynamik Ausdruck dieses Geschehens, sie lassen zurückschrecken und bereiten das Kind gleichzeitig auf das vor, was da kommt.
Eltern haben es in Phasen, in denen das nächtliche Aufschrecken des Kindes aus einem Albtraum auch ihren Schlaf beeinträchtigt, nicht leicht. Natürlich wollen sie ihrem Kind beistehen. In keinem Lebensabschnitt wird so viel geträumt, wie in der Kindheit. Träume gehören zum Kind und sind für Mutter oder Vater, die ihr Kind begleiten, ein wichtiger Schlüssel, um es und das Wesen ihres Kindes intuitiv verstehen zu lernen.

> Es ist gut, das Erzählen von Träumen innerhalb der Familie zu kultivieren.

Träume erzählen
Die Familie sitzt am Frühstückstisch und die Mutter erzählt:
»Heute Nacht habe ich einen bösen Traum gehabt. Ich träumte, in unserem Haus sind Diebe und Einbrecher, die alle Töpfe klauen. Ich will sie daran hindern, doch ich komme gegen die

Räuber nicht an und kann mich nicht durchsetzen. Das war grässlich!« »*Ruf mich das nächste Mal, Mama, ich helf dir«*, *sagt die kleine Irina, und sie ergänzt:* »*Papa, du hilfst der Mama doch auch?«* *Schnell ist ein lebhaftes Gespräch im Gange, die Traumerzählung wirkt ansteckend, die Kinder ergänzen ohne Aufforderung, welche Traumfetzen ihnen aus ihren Träumen in Erinnerung geblieben sind.*
Ein solches Frühstück hat Folgen. So kann es sein, dass schon am nächsten Morgen der sechsjährige Moritz in die Küche gestürmt kommt und sagt: »*Hört mal alle zu, ich hab was ganz Schaurig-Schönes geträumt!«* *Die Familie hört zu, als er seinen Traum erzählt.* »*Ich war Schiffskapitän und stand am Steuer meines Schiffes, wir hatten einen schweren Wellengang. Plötzlich hatte ich das Steuerrad in der Hand und konnte nicht mehr lenken. Ich habe meine Mannschaft gerufen, aber keiner hat mich gehört.«*

Die Traumbilder der Kinder sprechen für sich selbst. Kinder sind keine unbeschriebenen Blätter, die **wir** beschreiben müssen. Jeder Traum entfaltet im Kind ein bildhaftes Geschehen, das bizarr und bedrohlich, aber auch angenehm, einladend und erfreulich sein kann. Dadurch bildet sich eine divergierende und vielgestaltige Gefühlslandschaft, die sich in unterschiedlichsten Bildern und Symbolen ausdrückt. Ob das Kind will oder nicht, es muss gute und schlechte Emotionen aushalten, denn aus dem Traumgeschehen gibt es kein Entrinnen. Beim Aufwachen ist es deshalb noch ganz erfüllt von der Energie des Traums.
Die gefürchteten Albträume, die auch dann noch in ihm stecken, wenn der Traum längst vorüber ist, bringt es in die Tagwelt mit. Wenn die Eltern dafür ein Gespür haben und es schaffen, dass die familiäre Atmosphäre dazu einlädt, können sie in tiefer Weise an der kindlichen Wahrnehmung und Verarbeitung von »Welteindrücken« teilhaben. Und auf die Frage »Was hast du geträumt?« warten viele Kinder.

Wenn Eltern mit ihren Träumen offen umgehen, ist das wie eine Einladung für ihr Kind.

Jede Nacht kommen Monster
Der vierjährige Kai, ein eigentlich aktives und fröhliches Kind, wirkt seit einigen Tagen bedrückt und igelt sich ein. Eines Morgens setzt sich die Mutter, die die eher untypische Stimmung spürt, zu ihm und fragt ihn, wie er geschlafen hat. Auf diese Frage scheint Kai gewartet zu haben, denn auf einmal sprudeln die Worte nur so aus ihm heraus und er erzählt einen schlimmen Albtraum: »Jede Nacht kommen Monster, die sind böse und wollen mich fressen. Immer sitzen sie an meinem Bett, und dann wach ich auf.« *Das Kind wirkt erleichtert, seine Gesichtszüge entspannen sich beim Erzählen. Was ist geschehen? Solange der Junge in sich versunken war, kreisten seine Gedanken immer wieder um das Geschehen im Albtraum. Vielleicht hatte er auch schon einmal irgendwo anders, z. B. bei der Oma, aufgeschnappt,* »Es gibt keine Monster!«. *Das ist eine der typischen Lügen, zu der Erwachsene gern Zuflucht nehmen, um einem Kind seinen Angsttraum auszureden. Sie sind unsicher und wissen nicht, wie sie sich verhalten sollen. Aber diese Antwort hilft dem Kind nicht, denn Kai trifft eine Zeit lang jede Nacht auf sie. Das alles ist reales Geschehen für ihn. Wenn er keine Chance hat, mit einem Erwachsenen darüber zu sprechen, bleibt er mit sich und seinem diffusen Angstgefühl allein.*
Kai hat das Glück, eine Mutter zu haben, die im Gespräch noch einmal mit ihm in das Traumgeschehen hineingeht. Jetzt kann der Junge seine Gefühle sprachlich ausdrücken, sie benennen; sie werden ihm bewusst, und er erinnert sich an frühere Träume mit ähnlichem Inhalt, vergleicht und verknüpft seine Einsichten. Das Gefühl der Verlassenheit weicht, und das kurze Gespräch mit der Mutter bringt seine Energie wieder in Fluss. Jetzt kann er sich tatkräftig in den neuen Tag hineinbegeben.

»Ich bin ganz allein, die Monster gehen einfach nicht weg.«

Eigentlich ist es ganz einfach: Ein Kind hat schlimm geträumt, ist deshalb bedrückt, kann darüber mit einem Erwachsenen sprechen und dabei wechselt die Stimmung und es geht ihm wieder gut. Ein wichtiger Beitrag zur emotionalen Erziehung eines Kindes geschieht – ohne pädagogischen Kraftakt – durch eine Geste der Empathie, des Mitfühlens.

Traum und Wirklichkeit

Für Kinder geht es auch darum, den Gegensatz von Traum und Realität unterscheiden zu lernen. Kinder beschreiben Gefühle beim Aufwachen aus einem Traum mit den Worten: »Ich war gerade noch voll drin im Traum, das war wie echt!« Sie fühlen sich noch ganz im Traumgeschehen und spüren dessen energetische Wirkung, die ja beim Aufwachen nicht zu Ende ist. Auch hier zeigen sich Unterschiede zu den Erwachsenen. Letztere können sich schneller von einem Traum distanzieren, während Kinder länger in ihm verhaftet bleiben.

Zum Glück nur ein Traum
Der sechsjährige Ben träumt von einer Insel, auf der er allein lebt. Er muss auf einer Hängebrücke über einen Fluss gehen, in dem gefährliche Krokodile leben, die nach ihm schnappen. Gleichzeitig verfolgt ihn ein böser Mann. Am Ende springt er in den Fluss und wacht auf. Als er die Augen aufmacht, hat er den Eindruck, es sei alles wirklich geschehen. Der Junge spürt sein Verhaftetsein ins nächtliche Geschehen. Er ist zunächst einfach überwältigt von dem bedrohlichen Geschehen. Die Bilder lösen Angst, Erstaunen und Verwunderung aus, und er braucht einige Momente, um sich zu orientieren und denkt aufatmend: »Es war ja nur ein Traum!« Später erzählt er seinen Traum.

Kinder können die Trennung zwischen Traumwelt und Realität nicht gleich vollziehen.

Wenn Kinder auf diese Art und Weise die Gegensätze von Tag und Nacht, Traumwelt und Realität klar unterscheiden lernen, erhält ihr Bild von der Welt deutlichere Konturen, was sich stabilisierend auf ihr Selbstbewusstsein auswirkt.

- Nie haben Kinder Mühe, ein Bild zum Thema Traum zu malen. Es scheint, als ob solche Bilder leichter zu gestalten sind, weil die Energie des Traums den Gestaltungsprozess erleichtert. Ein tiefes Gefühl der Befriedigung stellt sich danach ein.
- Nie haben Kinder Mühe damit, aus einem erzählten Traum in ein freies oder gelenktes Rollenspiel überzugehen. Das Darstellen ergibt sich selbstverständlich, und der Traum kann so gespielt werden, wie er geträumt wurde, aber er kann sich auch verändern. Die Geschwistergruppe, die Familie oder die Freunde können gerade im Hinblick auf den Umgang mit bedrohlichen Traumsituationen von großer Hilfe sein.

Speicher des Unbewussten

Lebensmöglichkeiten, Wunschvorstellungen, Sehnsüchte, Konfliktdarstellungen und Lösungsmöglichkeiten werden aus unserem Inneren heraus gesteuert. Die im Traum wirkende Kraft des Unbewussten bewirkt das nächtliche Schlafkino, das aus Tageseindrücken, alten und zukünftigen Erlebnissen, aus dem Speicher des seelischen Urgrundes sich immer wieder neu inszeniert. Im Traum lernt ein Kind zu handeln, scheitert und hält auch das Scheitern aus. Es handelt erneut, riskiert einen Schritt in Richtung Neuland, erlebt die Freude am gefährlichen Tun. Unablässig ist es innerlich damit beschäftigt, seine Möglichkeiten zu erproben. Entwicklungsimpulse aus dem Unbewussten stützen es dabei.

Träume sind Ausdruck der autonom in uns wirkenden Natur.

Es tut Kindern gut, wenn Erwachsene sie für das loben, was sie in ihren Träumen leisten und aushalten müssen. Träumend stoßen sie manchmal ja auch auf Situationen, die sie in naher Zukunft bewältigen müssen. Im Traum bewegt sich das Kind bereits auf Wegen, die es in der Realität erst später gehen muss. Dadurch erwirbt es einen Zuwachs an Autonomie.
Träume in Zeiten des Übergangs sind ganz besondere Träume

und transportieren oft für das Kind wichtige Bilder und Botschaften. Hier träumen Kinder vermehrt. In ihren Träumen drücken sich auch Reifungsschritte aus. Im Hinblick auf die seelische Gesundheit unseres Kindes lohnt es sich, in den Wochen des Übergangs in den Kindergarten und später, wenn es um die Einschulung geht, nach ihren Träumen zu fragen. Das ist ein guter Anlass, um sie bei der emotionalen Verarbeitung der Veränderung zu unterstützen (s. S. 119 f.).

Kinder offenbaren sich

Wir Erwachsenen vergessen gerne, wie aufregend neue Situationen sind, in denen man sich erst einmal zurechtfinden muss und in denen man ja auch so etwas wie einen Platz finden will. Erst recht vergessen wir gerne, dass das Zeit braucht, dass das meistens in vier Wochen noch nicht erledigt ist.
Denken Sie einmal an einen Arbeitsplatzwechsel zurück, fühlten Sie sich da nach vier Wochen schon wie zu Hause? Im Folgenden möchte ich Ihnen nun zwei Beispiele von kindlichen Ängsten direkt aufzeigen.

Beispiel 1: Die drei Mädchen
Im folgenden Fall geht es um drei Mädchen. Die Mutter eines der Mädchen suchte sich Rat bei mir. Ihre achtjährige Tochter Lissy und deren langjährige Freundin Vroni, die immer wunderschön zusammen gespielt hatten, kamen plötzlich ständig überkreuz. Es wurde schnell deutlich, dass ein drittes Mädchen mit Namen Lara in diesen Bund der freundschaftlichen Verschwörung aufgenommen worden war und dass es in dieser Dreierkonstellation immer wieder Ausschlüsse eines der Mädchen gab. Einmal hatte die Mutter gehört, wie ihre Tochter und eines der Mädchen mit der Dritten im Bunde telefonierten. Die beiden erzählten ihr, dass sie ins Schwimmbad gehen würden am Nach-

mittag, und es schien so, als ob sie das dritte Mädchen eifersüchtig machen wollten. Diese fragte dann tatsächlich, ob sie nicht mitgehen könne. Die Mädchen sagten ihr nicht prinzipiell ab, knüpften aber an ihr Mitgehen für das eher ängstliche Mädchen unerfüllbare Bedingungen: »Wenn du vom Fünfer springst, könnten wir es uns ja noch einmal überlegen.« »Oder du könntest auch im Kinderbecken eine Länge tauchen«, war ein anderer Vorschlag.

Eine Woche später kam ihre eigene Tochter heulend von der Schule. In der großen Pause hatten die drei draußen auf dem Hof Ball gespielt. Lissy war dann, weil es anfing zu regnen, vorzeitig hineingegangen. Daraufhin waren die beiden anderen Mädchen beleidigt und hatten ein paar aus der Klasse gegen das Mädchen aufgehetzt. Über eine Woche musste sie dann aushalten, dass sie von einigen beäugt und gemieden wurde. Am liebsten wäre sie gar nicht mehr in die Schule gegangen. Einige Zeit später rief eines der Mädchen bei Lissy an, um sich mit ihr zu verabreden, und diese sagte nur: »Du schon wieder.« Da die Wechselbäder der Gefühle kein Ende nahmen und auch Gespräche mit den Mädchen immer nur oberflächlich Linderung verschafften, riet ich der Mutter, mit den anderen Eltern das Gespräch zu suchen und sich auf ein gemeinsames Vorgehen zu verständigen.

Tenor der Botschaft: Die Mädchen brauchen Orientierung. Selbstverständlich muss es möglich sein, dass einmal zwei der drei Mädchen ohne die Dritte etwas zusammen tun dürfen. Dann aber bitte dies der Dritten auch offen sagen und keine Spielchen daraus machen. Etwas Behutsamkeit kann dann auch nicht schaden, denn das nächste Mal sind es vielleicht sie selbst, die nicht dabei sein können. Und natürlich muss es möglich sein, wenn man sich über eine der Freundinnen ärgert, diese es auch spüren zu lassen. Aber dann bitte so, dass diese aus ihrem Fehler lernen kann und man nach einer gewissen Zeit des Nachtragens auch wieder aufeinander zugeht.

> »Wie kann man nur so unkameradschaftlich sein und seine Freundinnen hängen lassen.«

Außerdem ist das direkte Vermitteln von: »Du bist mir lästig«, wenn man an einer Freundschaft festhalten will, auch keine Form des Miteinanderumgehens.
Der zweite rote Faden, schlug ich vor, könnte doch sein, die Mädchen dahingehend zu sensibilisieren, dass sie mal mehr dem nachspüren, wie es ihnen denn mit der selbst erzeugten Verunsicherung untereinander geht. Es wurde deutlich, dass eigentlich alle drei Mädchen Angst hatten und stark verunsichert waren, aber gleichzeitig die Macht der aufregenden Gefühle und die damit verbundene Wichtigkeit genossen. Sie waren alleine nicht mehr in der Lage, sich einmal darüber auszusprechen und brauchten nun die Hilfe der Erwachsenen.

Gedanken um den Tod

Auch in der Auseinandersetzung mit der Endlichkeit unseres Lebens ist es wichtig, die Ernsthaftigkeit von Todesbefürchtungen zu respektieren. Es ist zwar eher unwahrscheinlich, dass unser Kind davon betroffen wird, aber nicht unmöglich. Daher ist es also nicht verwunderlich, wenn Kinder aufgrund bestimmter, mit dem Tod zusammenhängender Erlebnisse erschrecken und Angstzustände bei ihnen ausgelöst werden. Jedes Kind macht doch auch die traurige Erfahrung, dass Blumen, Tiere und Menschen sterben.
Wer das Glück hat, das Werden und Vergehen in der Natur beobachten zu können, wie es viele auf dem Land lebende Kinder selbstverständlich miterleben, der weiß das alles und muss sich vor dem Thema nicht fürchten. Ein Leben, das diese Wahrheit vollständig ausklammert, kann kaum ein erfülltes Leben sein. Es ist also wichtig, neben dem Kontakt zur Erlebnisweise der Kinder auch den (sprachlichen und direkten) Kontakt zu bestimmten Lebensthemen zu ermöglichen und den Kindern dabei zu helfen, dass sie ein Verhältnis dazu aufbauen können.

Der Tod gehört zum Leben. Deshalb soll man ihn mit seinem Kind auch besprechen.

Denn worüber nicht gesprochen wird, zu dem kann ich auch kein Verhältnis haben, höchstens ein Nichtverhältnis.
Für Kinder ist der Tod nicht nur schrecklich. Die Vorstellung, dass die Toten im Himmel sind, ist für sie fast selbstverständlich. Und diese Sicht hat doch eindeutig auch etwas Tröstliches.

Beispiel 2: Das verlorene Kind
Eine Frau kam zu mir in die Beratung, Sie hatte erst vor kurzem eine Fehlgeburt. Daneben hatte sie eine nicht bemerkte Eileiterschwangerschaft, die in den Bauchraum hinein platzte und die Mutter selbst in Lebensgefahr brachte. Einige Tage musste sie im Krankenhaus verweilen. Ihre siebenjährige Tochter war darüber sehr erschrocken.
Aus Gesprächen mit ihrem Mann erfuhr die Frau, dass dieser ebenfalls den Kopf verloren hatte und in Panik geraten war. Er konnte der Tochter also verständlicherweise auch keinen Halt geben. Er war genauso überrumpelt und mit Fragen und Gedanken konfrontiert, die ihn überschwemmten und ihm furchtbar Angst machten. Die Vorstellung war für ihn unerträglich, seine geliebte Frau zu verlieren.
Die Eltern erfuhren in der vierten Schwangerschaftswoche von der neuen Schwangerschaft und sendeten ab diesem Zeitpunkt immer wieder kleine Versuchsballons an ihr Kind aus: »Wie wäre es, wenn wir noch ein Kind bekämen und du noch ein Geschwister hättest?« Die Tochter äußerte sich ganz eindeutig: nämlich, dass sie das nicht will. Dass sie sich so ein kleines Baby gar nicht vorstellen kann. »Mama, wie soll ich da noch für die Schule lernen?« Jetzt nach dem Verlust fragte die Tochter: »Mama, warum wollte er nicht bei uns bleiben?« Die Mutter antwortete ihr: «Ich weiß es nicht.«
Seit dieser Zeit ist ihre Tochter überaus anhänglich und weicht ihr nicht mehr von der Seite. Sie ist jedoch sehr in sich gekehrt und will selten mit anderen Kinder spielen. Die erste Klasse rauscht an ihr vorbei und sie kann sich kaum konzentrieren. Die

Mutter ist ein paar Mal zu den Pausenzeiten am Schulhof vorbeigefahren, sie hat ihre Tochter dort alleine stehen sehen.
Als ersten Schritt schlug ich ihr vor, die Tochter bei passender Gelegenheit darauf hinzuweisen, dass sie dafür nichts kann. Dass Gedanken, die man hat, nicht automatisch Wirklichkeiten schaffen. »Dann sehen Sie schnell, ob sich Ihre Tochter Schuldgefühle macht und Angst hat, sie könne schuld am Tod des Geschwisters sein.«
Im zweiten Schritt wurde deutlich, dass die Frau einerseits den Verlust betrauert, andererseits auch Erleichterung verspürt.
»Die erste Schwangerschaft war eine furchtbare Zeit. Wir wussten bis zum sechsten Monat nicht, ob das Kind gesund ist. Mein Mann hatte auch bei dieser erneuten Schwangerschaft solche Befürchtungen geäußert. Und ich spürte, dass ich es nicht aushalte, die ganze Zeit über von solchen Gedanken begleitet zu werden.« Die Mutter vertiefte sich in die Erlebnisse der ersten Schwangerschaft: »Damals erfuhr ich in der sechsten Woche, dass wir aufgrund der Nackenstellung möglicherweise ein behindertes Kind bekommen könnten. Ich war 25 Jahre alt und fühlte mich überhaupt nicht reif, die Verantwortung für solch eine Entscheidung zu tragen. Die Untersuchungen waren nie hundertprozentig eindeutig. Erst im sechsten Monat entschied es sich, dass wir das Kind behalten.«
Als dritten Schritt riet ich ihr, auch darüber einmal mit ihrer Tochter zu sprechen. Auf kindgerechte Weise und nur, wenn es passt. Eine Tochter wünscht sich natürlich, dass ihre Mutter von ganzem Herzen und ohne Einschränkung ja sagt zu ihrem Kind. »Vielleicht ist es wichtig, dass Sie ihr sagen, wie gut es ist, dass sie bei Ihnen ist. Und dass Sie sehr froh sind, sich so entschieden zu haben. Und eventuell, wie leid es Ihnen tut, eine Abtreibung überhaupt erwogen zu haben. Aber machen Sie sich deswegen keine Schuldgefühle, stehen Sie zu Ihren damaligen Gefühlen und helfen Sie sich und Ihrem Kind, Frieden mit diesem Teil Ihrer gemeinsamen Geschichte zu finden.«

Es bedrückt das Kind, wenn es sich der Liebe der Eltern nicht gewiss sein kann.

Was die Kinder in diesen Situationen brauchen ist Geduld, Aufmerksamkeit und auch viel Einfühlungsvermögen. »Wie ist es dir denn heute ohne deinen neuen Freund Felix ergangen, hast du dich gelangweilt oder hast du andere Spielkameraden gefunden?« »Ja, das war heute aber ein anstrengender Tag, bist ganz erschöpft, es war aber auch so laut bei euch.« »Meine Güte, bist du stark, da hat dein Papa aber ganz schön gestaunt beim Abholen, als er sah, wie du zuerst mit aufgeräumt hast und dann das Dreirad den Berg hinaufgezogen hast. Hast du es selber schon bemerkt, wie stark du geworden bist?«

Sie merken schon, es gibt so viele große und kleine kindliche Ängste, wie es Sandkörner am Meer gibt. Wir müssen sie zunächst nur einmal wahrnehmen; wir müssen nicht immer gleich handeln. Manches löst sich auch von allein, bei einigen Dingen sind wir auf Hilfe angewiesen, und für wieder andere Probleme finden die Kinder selbst eine Lösung.

Die Angstlust

Kinder setzen sich freiwillig einer Angst machenden Situation aus.

Wir alle kennen Szenen, in denen der stolze Vater sein Kleinkind in die Luft wirft und das lachende und kreischende Kind wieder auffängt. Während das Kind durch die Luft fliegt, hat es Angst und genießt gleichzeitig die in ihm aufsteigende Erregung, denn es weiß, dass es in Vaters Armen sicher landet. Dieses Zusammenspiel von Angst und freudiger Erregung wird Angstlust genannt. Oft suchen Kinder den Nervenkitzel, sie bitten darum, immer wieder in die Luft geworfen zu werden. Sie möchten »Hoppe, hoppe, Reiter« spielen, denn beim Fallenlassen erleben sie gleichzeitig Angst, Aufregung und Freude.

Spiele voller Aufregung und Nervenkitzel helfen dem Kind, mutiger zu werden. Es setzt sich freiwillig seiner Angst aus, manchmal sucht es sie direkt. Es wird von der Angst nicht überwältigt, sondern baut sie schrittweise ab.

- Kinder wissen dabei, dass diese Situation meist gut ausgeht.
- Sie genießen die in ihnen langsam aufsteigende Spannung und Erregung.
- Sie erleben ein Gefühl der Stärke, weil sie die Angst aushalten oder sogar selbst etwas dagegen tun können.

Was bedeutet das im Einzelnen?

Ältere Kinder schaffen sich dann auch schon einmal Gelegenheiten für eine Mutprobe. Sie fordern sich selbst heraus, indem sie waghalsige Dinge unternehmen. Sie klettern auf hohe Bäume, balancieren über wackelige Stege oder verlangen sich selbst erfundene angstvolle Herausforderungen ab.
All diesen Unternehmungen ist gemeinsam, dass die Kinder sich bewusst einer Angst aussetzen und dabei eine Art Glücksgefühl empfinden. Denn sie erleben sich selbst in dieser Situation ganz intensiv. Sie wissen um das Risiko, das sie eingehen, spüren ihre Ängste und erleben gleichzeitig, dass sie diese durch ihr mutiges Handeln in den Griff bekommen. Das ist ein sehr befriedigendes Erlebnis, denn es lässt die Kinder ihre Kraft erfahren.
Auch der Besuch der Geisterbahn oder der Achterbahn auf dem Rummelplatz lässt ein ähnliches Gefühl entstehen, denn dazu gehört Mut. Dort besteht der Mut nicht darin, Ängste durch ein geschicktes Verhalten zu überwinden, sondern allein darin, der Situation nicht auszuweichen, die Angst durchzustehen. Mut bedeutet ja nicht nur, keine Angst zu haben, sondern vielmehr trotz aller Ängste sich in die Situation zu begeben.
Angstlust kann sich auch beim Fernsehen entwickeln. Es gibt Kinder, die mit dem Videorecorder bestimmte Angstszenen aufnehmen und sie sich immer wieder ansehen. Dabei kennen sie die Handlung und wissen, dass es gut ausgehen wird. Sie sitzen beschützt auf dem Sofa und »holen« sich die Angst. Das Risiko ist gering, denn sie haben es in der Hand, den Apparat wieder

Die Neugier ist manchmal größer als die Angst.

auszustellen. Außerdem wissen sie, dass die Gefahr, die ihnen im Augenblick Bauchkribbeln verursacht, bald vorübergeht.

Angstlust beinhaltet Angst

Manchmal sehen Erwachsene nur das Lachen der Kinder. Aber lassen wir uns nicht täuschen. Es kann sein, dass Kinder aufregende Erlebnisse nicht vollständig verarbeiten und nachts schreiend aufwachen.

Zu wild getobt

Die zweijährige Kara besucht gerne den Sohn der Nachbarin, weil dieser so wild mit ihr tobt. Beide Kinder lachen laut, Kara schreit fast mehr, als dass sie lacht, und die Erwachsenen freuen sich an dem lebhaften Spiel der Kinder. Doch in den Nächten, nachdem Kara bei der Nachbarin war, schläft sie schlecht und wacht weinend auf. Sie hat die aufregenden Spiele des Tages nicht verarbeiten können.

> Manchmal täuscht das übermütige Lachen des Kindes.

Ein kleines Kind braucht immer wieder Zeiten, in denen es zur Ruhe kommt. Deshalb ist es nach aufregenden Tagen besonders wichtig, dass es vor dem Zubettgehen eine Phase des Zu-sich-kommens, des Buchlesens, des Schmusens durchläuft, um die gewohnte Sicherheit und den Halt wieder zu erlangen, den es braucht, um auch die Nächte genießen zu können.
Behalten Sie Ihr Kind bei solchen Spielen im Auge. Achten Sie darauf, dass Sie es nicht zu sehr behüten, aber auch darauf, dass es nicht zu übermütig wird und seine eigenen Grenzen aus den Augen verliert.

Die Entstehung kindlicher Ängste

Die Angst ist ein unvermeidliches Nebenprodukt auch jenes Prozesses, durch den das Kind lernt, ein Mitglied der Gesellschaft zu werden. Jede Kultur, wie unterentwickelt und primitiv sie auch sein mag, legt ihren Mitgliedern in ihrem Verhalten Beschränkungen auf. Ohne diese Beschränkungen könnte sie als Institution nicht bestehen.

Was hat Kultur mit Angst zu tun?

Keine Gesellschaft duldet auf lange Sicht hin eine uneingeschränkte, sofortige Befriedigung der Bedürfnisse, Wünsche und Impulse ihrer Mitglieder. Dem Menschen ist eine unbegrenzte Anpassungsfähigkeit angeboren, die es ihm erlaubt, sich jede Art von Wertmaßstäben zu eigen zu machen und sich jeder vorgeschriebenen Verhaltensform anzupassen. Er muss jedoch nicht nur lernen, seine Impulse zu beherrschen, sondern er muss auch unterscheiden lernen, auf welchen Wegen ihm die Gesellschaft erlaubt, seinen Impulsen Ausdruck zu verleihen. Die Tatsache, dass der Mensch Furcht empfinden kann, ermöglicht es ihm, dies zu lernen. Bei diesem Prozess entsteht etwas, das ich Sozialisierungsangst nennen möchte.

Einerseits »brüten« die Gesellschaft und ihre gelebte Kultur also ihre Mitglieder aus und andererseits wirken die Mitglieder auf die Kultur zurück, indem sie ihren Bedürfnissen folgen und diese in die Gesellschaft einbringen, so auch unsere Kinder.

Es ist Aufgabe von uns Eltern stellvertretend für unsere Gesellschaft, die Kinder an diese Kultur heranzuführen, aber auch die Bedürfnisse und Ängste der Kinder zu verstehen und sie in Einklang mit den Kulturanforderungen zu bringen.

Sicherheiten – die es nicht gibt

Das Begleiten von Kindern ist ein von Ängsten begleitetes Abenteuer.

Es ist fast unmöglich, allgemein die Bedingungen zu formulieren, unter denen die Angst dem Zweck der Sozialisierung dient oder gelegentlich stattdessen mit ihr in Konflikt gerät. Auf welche Weise mit Erziehungsmethoden bestimmte Persönlichkeitsformen oder -stile des Erwachsenen mit Sicherheit zu erreichen sind, ist keineswegs verlässlich vorauszusagen. Deshalb ist und bleibt das Begleiten von Kindern bis hinein ins Erwachsenenleben immer ein von Ängsten begleitetes Abenteuer.

> **Das Gute und das Schlechte**
>
> Kunst und Kultur bringt Kindern bei, was gut und was schlecht ist, und gleichzeitig führt die Gesellschaft das schlechte Leben – das doch vermieden werden soll – den Kindern ständig vor Augen. Natürlich haben die Kinder Angst vor dieser schlechten, realen Welt.

Mit traumatischen Situationen können sich Kinder jeden Tag konfrontiert sehen.

- Sie können **unmittelbar** Opfer beängstigender Erlebnisse sein, z. B. in folgenschweren Situationen, in die das Kind selbst einbezogen ist oder auch in Ereignissen, deren Zeuge es wird: Exhibitionist; Einbruch; Überfall; Unfall; Opfer von Gewalt zu Hause; Feuer; Überschwemmung; durch schlechte Erfahrungen in einer Kindergruppe, mit dem Babysitter, in einem Camp, im Kindergarten, in der Schule, auf dem Spielplatz ... Sie haben dann aufgrund eigener Erlebnisse Befürchtungen, was Geschwistern oder Freunden zustoßen könnte.

- Kinder können aber auch Wirklichkeiten aufschnappen, von denen sie **nicht mittelbar** betroffen sind, die aber Angst machen: Berichte über Kriegszustände, Kindersoldaten, Terroristen, Mord und Totschlag, Gewaltverbrechen, über Entführung und Verschleppung, grausame Bilder und Geschichten, die nicht altersgemäß sind. Kinder können weit entfernte Überschwemmungen, Waldbrände, Vulkanausbrüche, hautnah miterleben und sich davor fürchten, dass auch sie in ihrer kleinen Welt davon ereilt werden. Solche Fernsehbilder kommen unter Umständen bei ganz anderen Gelegenheit wieder hervor und bewirken ein seltsames Verhalten.

Traumatische Erlebnisse hinterlassen in einer Seele Wunden, die schwer zu heilen sind.

Medien, die verwirren

Über die mediale Beteiligung der Kinder an der Welt, werden sie oft völlig ungefiltert von den Wirklichkeiten des Lebens erreicht, die ja selbst uns Erwachsene oftmals zum Verzweifeln bringen und uns unser Dasein hinterfragen lassen. Dabei sind die Kinder oft noch ohne die Möglichkeit ausgestattet, diese Ereignisse und Eindrücke zu ordnen und für sich so zu sortieren, dass sie die Zuwendung hin zum Leben wieder ermöglichen.

> Nachrichten sind keine Kindersendungen und sollten nicht unkontrolliert gesehen werden.

»Papa, kommt der Krieg auch zu uns?« – Die terroristischen Anschläge, die vielen Kriege und Auseinandersetzungen, in die wir zum Teil (über Schutztruppen usw.) involviert sind, haben zu einem Ansteigen von Angst innerhalb der Gesellschaft geführt. Plötzlich wird bewusst, dass die Welt nicht verlässlich ist, sondern voller Risiken steckt. Die Attentate von New York, die Selbstmordattentate oder die versuchten oder gelungenen Amokläufe an Schulen bewegen sich auch bei Erwachsenen an den Grenzen des Verstehens. Es ist fast unmöglich, die Kinder vor diesem Blick in die Welt hundertprozentig zu schützen. Irgendwo schnappen sie doch einen Wortfetzen oder eine Bilderabfolge auf und machen sich ihre eigenen Gedanken.

Kinder wollen verstehen

In Zeiten, in denen bedrohliche Nachrichten durch die Medien gehen, brauchen Kinder klärende Gespräche. Erwachsene sollten dabei keine zu komplexen Zusammenhänge erklären. Kinder lernen dann früh, dass das Versprachlichen von Erlebtem Ängste vertreiben kann.

Es ist gut, wenn Kinder sich nach existenziellen Erfahrungen an den Händen fassen können, sich körperlich spüren. Das baut

Angst ab. Manchmal wollen sie dann verstorbenen Menschen gute Wünsche zuschicken, ein Gebet sprechen, oder sie malen Bilder und lassen diese an Luftballons zum Himmel steigen. Solche Gesten helfen Ereignisse zu verarbeiten, die Angst auslösen. Wer mit Kindern Ängste teilt, trägt dazu bei, dass sich in ihrem Inneren schützende und bergende Kräfte aktivieren. Sie führen auch zu den Helfergestalten des Märchens und zum Schutzengel. Ihre Botschaft an das Kind heißt: »Du kannst dich auf das Leben einlassen« (s. S. 48 ff.).

- Reden Sie mit Ihren Kindern in geeigneter Weise über das im Fernsehen Gesehene und Gehörte. Besser ist es, im Vorfeld genau zu prüfen, was wirklich für Kinderaugen und -ohren bestimmt ist. Denn die Fernsehbilder wirken in den Köpfen der Kinder oft noch sehr lange weiter.
- Wenn Kinder schon mit solchen Ereignissen konfrontiert werden, erklären und benennen Sie die Bedrohung, beschreiben Sie auch, was verantwortungsbewusste Menschen versuchen, dagegen zu unternehmen.
- Wecken Sie Zuversicht dafür, dass die Menschen an der Verbesserung und Lösung von großen Problemen arbeiten, und lassen Sie das Kind auch daran teilhaben, wie Sie als Eltern/ als Familie dazu beitragen, dass das Leben besser wird.

Worte können Halt, Sicherheit und Schutz geben.

Fragen, die Kinder stellen

Kinder machen sich aber auch unabhängig von gerade erlebten Ereignissen grundsätzlich Gedanken, die ihr Leben betreffen und die aufkommen in der Auseinandersetzung mit der realen Welt, die sie um sich herum wahrnehmen.
So stellte mir meine Tochter vor kurzem auf einem Spaziergang eine ganze Reihe von interessanten Fragen, auf die ich bei weitem nicht immer eine Antwort parat hatte.

Komische Fragen?
»Weißt du Papa, manchmal stelle ich mir so komische Fragen. Ich möchte gern wissen, wo ich z. B. herkomme oder warum ich überhaupt lebe. Ich frage mich, wer hat das eigentlich entschieden? Dann sage mir mal, warum gerade du mein Papa bist oder meine Mama die Mama. Ich finde das auch gemein, dass wir sterben müssen. Wann und warum muss man eigentlich sterben? Glaubst du, dass die Großeltern noch lange leben? Ich frag mich auch, warum es arm und reich gibt. Es wäre viel besser, wenn es gar kein Geld gäbe, dann gäbe es keine armen und reichen Menschen, dann müssten wir das, was wir haben, untereinander tauschen.«
Es fiel mir darauf nicht viel ein. Ich habe ihr einfach aufmerksam zugehört und ihr dann gesagt, dass ich mir solche Fragen auch manchmal stelle und ich auch keine so ganz richtigen Antworten darauf kenne. »Das Einzige, was ich weiß, ist, dass wir Menschen, wenn wir uns lieb haben, uns dabei helfen können, dass wir das Leben nicht als so schwer empfinden.«

> **Kinder stellen klare Fragen: »Wieso seid ihr und niemand anders meine Eltern?«**

Kinder beschäftigen sich also auch mit ganz grundsätzlichen und philosophischen Fragen. Dabei lassen sie nichts aus. Entsprechend vielfältig sind dann auch die Ängste, die sie empfinden. Die Ängste unserer Kinder beziehen sich teilweise sehr differenziert auf bestimmte Situationen im sozialen Miteinander und auf die eigene Persönlichkeit (s. S. 115). Die Kinder äußern z. B.:

- **Angst vor** – Kritik; Streit; Auseinandersetzungen; Aggressivität; Kommentaren; Blicken; Gesten; Aufdringlichkeiten; negativen Gefühlen der Freundin/des Freundes; den Reaktionen der Klassenkameraden, der Lehrer und Eltern.
- **Angst davor** – ignoriert zu werden; bei anderen schlecht gemacht zu werden; jemand anderen zu verlieren; Dinge machen zu müssen, die man nicht will; zu versagen oder zu enttäuschen; sich durchzusetzen oder sich entscheiden zu müssen.

Fünf- bis sechsjährige Kinder äußern ihre Ängste
(studentisches Forschungsprojekt aus dem Jahr 2005)

Angst verlassen zu werden, auf sich allein gestellt zu sein	73,0 %
Angst vor Strafen	62,0 %
Angst vor Krieg	60,0 %
Angst vor Gewalt, sexuellem Missbrauch und Terroristen	55,0 %
Angst vor Naturkatastrophen (Überschwemmungen, Feuersbrünste, Hurrikans, Tornados, Erdbeben)	54,0 %
Angst vor der Schule (Noten, Lehrer, Mitschüler)	53,4 %
Angst vor Gewitter	52,3 %
Angst vor dem Tod der Eltern	48,7 %
Angst vor Krankheiten	44,6 %
Angst vor Unfällen	42,9 %
Angst vor Umweltverschmutzung und Umweltzerstörung	38,3 %
Angst davor, zu dick zu sein	38,7 %
Angst vor verdorbenem Essen	36,4 %
Angst vor der Scheidung der Eltern	30,6 %
Angst davor, zu hässlich zu sein	25,9 %

50,4 Prozent der Kinder haben den Wunsch, mehr Zeit mit den Eltern zu verbringen!

Im Gegensatz dazu wird von Seiten der Erwachsenen kaum ein Augenmerk darauf verwendet, ob sich ein Kind sozial verwurzelt fühlt.

Natürlich spüren sie irgendwo auch den Druck durch politische Entscheidungen, der sie betrifft, und sei es nur über den Druck, den die Eltern empfinden: Sie sollen möglichst schon im Kindergarten mit dem Lernen beginnen, auch schon anfangen eine Fremdsprache zu erwerben, möglichst mit fünf schon in die Schule gehen, zügiger lernen wie bisher, das Abitur in acht Jahren abschließen, dabei möglichst noch Auslandserfahrungen sammeln und wenn es irgendwie geht mit 25 das Studium abgeschlossen haben, dass noch genug Zeit für das Kinderkriegen bleibt. Und das alles mit mehr und jüngeren Kindern in den Kindergruppen bei weniger Personal und weniger Etat.

Entwicklungsbedingte Ängste

Furcht hat auch mit der kognitiven Entwicklung des Kindes zu tun.

Große Neuerungen im Leben eines Menschen sind nicht nur mit einem geistigen Aufbruch verbunden, sondern werden von starken Emotionen angetrieben. Die Angst, die das Gewohnte, Vertraute in Frage stellt, ist somit auch schöpferisches Element. Ängste ändern sich im Laufe des Lebens. In jedem Alter sieht die Welt anders aus und andere Ängste bewegen das Kind.

Auffallend ist, dass neue Entwicklungsschritte oft von Ängsten begleitet werden. Mit jedem Entwicklungsschritt wird das Kind offener für seine Umgebung, und es entdeckt vieles, was es bisher übersehen hat. Doch kann es all das Neue nicht immer einordnen.

Angst ist ein Hinweis auf Neues und Unbekanntes, hinter dem sich mögliche Gefahren verbergen. Es können tatsächliche oder fantasierte Gefahren sein. So kann es geschehen, dass Kinder plötzlich Ängste vor Gegenständen und Situationen entwickeln, vor denen sie sich bisher nicht gefürchtet haben.

Begeisterung muss nicht anhalten
Über viele Jahre habe ich mit meinen Kinder einen Teil der Ferien an der Nordsee verbracht. Mein Sohn Paul war anfangs fasziniert vom Meer und krabbelte immer wieder auf allen vieren ins Wasser. Auch als das Wasser immer tiefer wurde, krabbelte er fröhlich weiter. Wir mussten ihn jedes Mal aus dem Wasser »retten«. Doch sobald wir ihn hingesetzt hatten, ging seine Entdeckungsreise von Neuem los. Es machte ihm nichts aus, wenn er dabei nass gespritzt wurde. Er lachte vergnügt und protestierte, wenn wir ihn wieder aus dem Wasser holten.
Im nächsten Jahr sah das plötzlich ganz anders aus, obwohl wir am gleichen Ort zur gleichen Zeit am gleichen Strand waren. Doch diesmal war er wie ausgewechselt. Er hatte plötzlich Angst vor dem Wasser, klammerte sich an die Mutter und ging nur an ihrer Hand gerade so weit hinein, dass seine Füße etwas nass wurden. Wurde er nass gespritzt, lief er schreiend davon. Es schien fast so, als ob aus unserem mutigen Paul ein Angsthase geworden war. Aber Paul war vor einem Jahr gar nicht mutig, sondern nur unerfahren. Er konnte sich noch nicht vorstellen, dass das Wasser für ihn gefährlich werden könnte. Doch in diesem einen Jahr hatte Paul sich weiterentwickelt. Er beobachtete jetzt genauer, machte sich Gedanken und stellte sich vor, was alles passieren könnte. Das erhöhte seine Angstbereitschaft. Großwerden ist nicht immer lustig. Paul hat jetzt zwar mehr Angst als früher, aber auch mehr Möglichkeiten, mit seinen Ängsten fertig zu werden. Seine neu erwachte Fantasie hilft ihm, sich gefährliche Situationen auszumalen, sie erlaubt ihm aber auch, etwas gegen seine Angst zu unternehmen.

Wir denken, das Kind ist mutig, dabei fehlt ihm nur die Erfahrung.

Die meisten Kinder erleben im Laufe ihrer Entwicklung, ein gewisses Maß an Furcht bzw. Angst. Die einen fürchten sich mehr, die anderen fürchten sich weniger. Die Art der Reize, die diese Furcht auslösen, verändert sich im Laufe der Kindheit.
Aus Ängsten vor unmittelbar greifbaren Dingen werden Ängste

> **In der Angst nur eine bösartige Erscheinung zu sehen, wird ihr nicht gerecht.**

vor zukünftigen Ereignissen, die weniger greifbar sind. Furcht nimmt im Laufe der Zeit als Folge der kognitiven Entwicklung und der zunehmenden Fähigkeit von Kindern, Gefahren in verschiedenen Situationen zu erkennen, ganz unterschiedliche Formen an.

> **Angst ist normal!**
>
> Fest steht, dass Angst, insofern sie keine krankhaften Züge annimmt, nichts Schlimmes ist und zur normalen Entwicklung des Kindes gehört.

Bis zum Vorschulalter

Mit der Geburt neuen Lebens ist Hoffnung verknüpft, aber auch Angst – nämlich jene Angst, wir könnten es, noch ehe es richtig beginnt, verlieren. Mütter borgen ihrem Kind zu Beginn seines Lebens ihren Körper für seine Sicherheit.
Eine erste Angst entsteht, wenn das Kind zu begreifen beginnt, dass die Mutter und es selbst nicht ein- und dieselbe Person sind. Sich des Unterschiedes zwischen sich und anderen bewusst werden, dieser Prozess setzt um den achten Monat herum ein. Für die Entwicklung des Kindes ist das Durchleben dieser Phase notwendig. Das Kind erschrickt, ob dieser sich einstellenden Wahrheiten und bekommt Angst, und wir suchen nach Erklärungen: Zahnt es vielleicht? Hat es Fieber? Kümmere ich mich nicht genug?
Während der **Säugling** auf angsterregende Situationen stets mit Schreien und ungezielten Abwehrbewegungen reagiert, ist das beim **zwei-** oder **dreijährigen Kind** keineswegs mehr so häufig der Fall. Es hat bereits in vielen Fällen angemessenere Vermei-

dungsreaktionen gelernt. Seine Angst äußert sich möglicherweise mehr in Verhaltensformen des Zurückziehens, Schutzsuchens oder der Flucht. Daher kann es bei jüngeren Kindern auch leicht zu Fehlinterpretationen von Seiten der Eltern kommen.

Im Verlauf des **Kleinkind- und Vorschulalter**s nimmt die Zahl der Situationen und Ereignisse, die emotionale Reaktionen hervorrufen, ständig zu. Das beruht sowohl auf wachsender Erfahrung, als auch auf fortschreitender Entwicklung der kognitiven Funktionen.

So führen vorangegangene Erfahrungen dazu, dass das Kind sie mit neuen Situationen abgleicht und vergleicht und bereits bestimmte Erwartungshaltungen bezüglich der von verschiedenen Situationen hervorgerufenen Emotionen entwickelt.

Wenn das Kind dies kann, müssen Eltern auch damit rechnen, dass das Kind besonders bei Angst auslösenden Ereignissen emotionale Reaktionen vorwegnimmt.

Der Spracherwerb und die zunehmende Verwendung sprachlicher Symbole und Vorstellungen ermöglicht es, diese als Hinweise für emotional erregende Situationen zu verwenden. Während das einjährige Kind noch auf die Herdplatte fassen muss, um zu erfahren, dass sie heiß ist, reicht es beim Zweijährigen das Wort »heiß« auszusprechen, so dass bei ihm ein Warnsignal ankommt und die entsprechenden Ängste bzw. eine Haltung der Vorsicht mobilisiert werden.

Mit fortschreitender Differenzierung und Ausweitung der kognitiven Strukturen ändern sich auch die Ursachen für kindliche Ängste. So nimmt die Angst vor fremden Personen im Allgemeinen mit der Erweiterung der sozialen Beziehungen ab, auch die Angst vor Tieren oder unbekannten Objekten wird mit zunehmender Erfahrung geringer. Dagegen treten mehr Ängste symbolischer Art auf, insbesondere vor unbekannten Wesen und Fantasiegestalten, auch Angst vor Dunkelheit und den damit verbundenen Gefahren.

> Im Laufe der Zeit lernen Kinder, Werte oder Symbole mit emotionalen Inhalten zu verknüpfen.

Eltern können ihren Kindern diese natürlichen entwicklungsbedingten Ängste nicht abnehmen oder sie gar einer Lösung zuführen. Wenn ich als Kind weiß, dass das Du, auf das ich so angewiesen bin, von mir verschieden ist, dann entstehen natürlich auf Seiten des Kindes auch Verlassenheitsängste: »Wo ist die Mutter, kommt sie gleich wieder? Ist sie zur Arbeit? Ist sie für immer verschwunden?« (s. S. 114 ff.).

Die meisten Kinder lernen in dieser Zeit, dass sie ihren Eltern vertrauen können. Deshalb ist es sicher nicht klug, in dieser Zeit das Kind ganz allein in der Wohnung zu lassen, auch nicht für »Momente«. Denn unter Umständen erfährt das Kind eine Angst, die es nicht so schnell wieder loswird.

Dreijährige Kinder können (weg-)laufen, Laufrad fahren, sind neugierig, wollen die Welt entdecken, sammeln erste eigenständige Beziehungserfahrungen, aber sie kommen immer wieder zu Vater oder Mutter zurück um aufzutanken und sich zu vergewissern, dass ihr »Heimathafen« noch existiert.

Kinder sind Entdecker

Angst macht es den Kindern, wenn sie den Mut haben, die Welt zu entdecken und sie werden dann dafür bestraft:

Beleidigte Mutter

Kinder brauchen die untrügliche Gewissheit geliebt zu werden.

So wollte das 1 ½-jährige Kind einer Mutter, die bei mir in Beratung war, nicht mehr gestillt werden, woraufhin die Mutter beleidigt war. Ihre Gedanken waren: »Wenn du mich nicht mehr brauchst, dann gehe ich wieder arbeiten.« Sie hat also die erwachende Selbstständigkeit des Kindes gleich mit einer noch weiter reichenden Unabhängigkeitsforderung gekoppelt: Dann musst du eben ohne mich auskommen. Das Kind kann solch ein Vorgehen nur als Bestrafung dafür deuten, dass es Autonomie gezeigt hat.

Ein Kind will sich natürlich auch sicher sein, dass es von Vater und Mutter geliebt wird und hat deshalb Angst davor, ausgeschlossen zu sein. Nicht selten will es die Mutter für sich allein haben, letztlich deshalb, damit der Vater sie ihm nicht wegnehmen kann.

Das Kind lernt durch Einfühlen und Ausprobieren, dass es nicht zu dieser Generation der Eltern gehört. Es lernt aber Schritt für Schritt mit dieser Wahrheit zu leben und die damit verbundenen ambivalenten Gefühle nicht nur auszuhalten, sondern mit ihnen umzugehen. Eltern reagieren auf das Weinen des Kindes mal besorgt, mal ärgerlich, je nach eigener Befindlichkeit und Stimmung. »Werden Mama oder Papa jetzt immer böse sein?«, wird sich das Kind dann vielleicht fragen.

Kleine Kinder reagieren ganz intuitiv und spontan. Es ist gut, sie darin zu bestärken.

Ich selbst habe mit meinem Sohn die Erfahrung gemacht, wenn ich mit meiner Stimme etwas heftiger werde, macht ihm das Angst. Eine ganze Zeit lang, hat er dann mein Schimpfen über sich ergehen lassen und gleichzeitig gesagt: »Hand, Papa!« Er hat mir seine Hand entgegengestreckt und meine Hand festgehalten, als ob er sich vergewissern wollte, dass die Beziehung noch trägt.

Das kleine Ich

Je selbstbewusster ein Kind wird, desto deutlicher fühlt es sich von der Welt verschieden. Das kleine Ich steht mehr und mehr dem großen anderen, der Außenwelt gegenüber und spürt instinktiv, wie viel Rüstzeug ihm fehlt zur Bewältigung dieser großen Welt.

Das zunehmende Ich-Bewusstsein und die wachsenden intellektuellen Fähigkeiten sind für die intensiven Angstempfindungen, die ein Kind durchlebt, verantwortlich.

Deshalb bewegen sich die Kinder in dieser anderen Welt auch nicht mehr so unbekümmert wie zuvor. Im Spannungsfeld von Weltwahrnehmung und Alltagsbewältigung gelingt es den Kindern offenbar nicht mehr so gut, Fiktion (Fantasie) und Wirklichkeit zu unterscheiden. Vor allen Dingen, wenn das Kind nicht sieht – also in der Dunkelheit –, mobilisiert es seine Vorstellungskraft. Unbekanntes nimmt Gestalt an.

Zu überrollend wäre die Angst, könnte das Kind in vollem Umfang seine Abhängigkeit von anderen und sein Verlorensein ohne Hilfe wahrnehmen.

Gut für die Entwicklung

Angst ist ein zentrales Lebenssignal. Sie schützt vor sinnlosen Mutproben und Abenteuern, die die Fähigkeiten übersteigen. Angst ist grundsätzlich doppelseitig. Sie kann uns zur Selbstvervollkommnung, zu erhöhter Leistung und zur Tüchtigkeit anspornen, aber sie kann unser Leben und das unserer Umgebung auch schwer beeinträchtigen.

Eine Angst von mäßiger Intensität treibt den Organismus an und verbessert die Leistung.

Wie bei vielen anderen Entscheidungen im menschlichen Leben scheint es bei der Angst lediglich eine Frage ihres Grades, ihrer Intensität zu sein, ob sie sich vorteilhaft oder negativ auswirkt. Es ist daher von größter Wichtigkeit, dass wir lernen, sie konstruktiv einzusetzen, um ihr Herr und nicht ihr Sklave zu sein. Kinder erleben ihre Ängste oft ganz fundamental und bedrohlich. Je differenzierter ihre Wahrnehmungs- und Denkmöglichkeiten werden, umso plastischer lassen sich unheimliche Situationen und erschreckende Dinge »ausmalen«.

Der dreijährige Ben berichtet: »Ich habe von Piraten geträumt. Das war so schrecklich!« Die fünfjährige Maja meint: »Ich heirate später einen Polizisten. Der beschützt mich immer!« Der zehnjährige Frank sagt: »Ich hab so viel Angst vor schlechten Noten. Ich laufe noch mal weg!« Alle drei Kinder leiden unter ihren Ängsten. Angst ist schwer zu ertragen. Deshalb wünschen wir uns ein Leben ohne Angst. Doch wäre ein solches Leben wirklich besser?

> **Leben ohne Angst?**
>
> Ein Leben ohne Angst gibt es nicht, und es wäre auch nicht gut. Denn die Angst fordert Kinder heraus, Leistungen zu vollbringen und Entwicklungsschritte zu vollziehen, die sie ohne Angst nicht in Angriff genommen hätten. So wird Angst zum Motor ihrer Entwicklung und hilft ihnen beim Großwerden. Dies gilt allerdings nur für normale Alltagsängste oder Entwicklungsängste.

Ängste, die durch unkontrollierbare Umstände hervorgerufen werden, können von Kindern allein nicht bewältigt werden. Dann benötigen sie Hilfe aus ihrer Umgebung. Wenn Angst im äußersten Fall zur Krankheit wird, brauchen Kinder Hilfe von Fachleuten. Angstkrankheiten werden in diesem Buch nur am Rande besprochen. Es geht hier vielmehr um die »gesunde Angst«. Auch sie ist schwer zu ertragen, doch Kinder zerbrechen nicht an ihr. Sie können sich mit ihrer Angst verbünden und dabei ungeahnte Kräfte entfalten. In diesem Sinne »brauchen« Kinder Ängste, um sich zu entwickeln.

Wird Angst zur Krankheit, muss sie behandelt werden.

Von Erfahrung unabhängig

Furchtreaktionen werden erst im Laufe der Entwicklung vollständig ausgeformt: Sie müssen reifen. Denn die Flucht- und Abwehrmechanismen erreichen erst in einem bestimmten Alter ihre volle Funktionsfähigkeit.

Wir haben vor vielen Dingen Angst, obwohl wir keine schlechten Erfahrungen gemacht haben.

Der Reifungsprozess der Angst wird besonders deutlich, wenn man die Entwicklung der Furcht vor Schlangen beobachtet. Kinder bis zu zwei Jahren reagieren beim Anblick einer Schlange noch ganz neutral. Im Alter von drei bis vier Jahren treten erste Anzeichen von Vorsicht auf. Deutliche Fluchtreaktionen weisen Kinder erst ab vier Jahren auf. Mit zunehmendem Alter steigt die Angstintensität beim Anblick von Schlangen. Erst im 17. Lebensjahr ist dieser Reifungsprozess abgeschlossen. Bemerkenswert ist dabei, dass die meisten Leute nie mit Schlangen in Berührung gekommen sind, also auch keine negativen Erfahrungen mit ihnen gemacht haben können. Dennoch haben wir Angst.

Auch die sehr verbreitete Angst vor Fremden beim Kleinkind ist angeboren. Sie tritt aber erst als sogenannte »Acht-Monats-Angst«, auch Fremdeln genannt, im Alter von sechs bis acht Monaten auf. Die kognitiven Fähigkeiten des Kindes müssen erst einmal so weit gereift sein, bis es in der Lage ist, bekannte von fremden (also Furcht auslösenden) Gesichtern zu unterscheiden. Die Furcht vor Einsamkeit, vor großen Wasserflächen, vor eingebildeten Wesen oder großen Tieren, aber auch vor Straßenverkehr, Ertrinken und Feuer können wir bei Kindern in der Regel erst vom zweiten Lebensjahr an beobachten. Insbesondere die Angst vor Dunkelheit oder dem Alleinsein nimmt bis zum Alter von fünf Jahren an Intensität zu. Beide Situationen zeichnet – im Gegensatz zu anderen Angstobjekten – ein Mangel an Reizen aus.

Je älter ein Kind wird

Auch in diesen Fällen spricht die Beobachtung dafür, dass die Angst einen von der Erfahrung unabhängigen Reifungsprozess durchläuft. Denn die von Psychotherapeuten beobachteten Kinder hatten weder im Dunkeln noch im Zustand des Alleinseins schlechte Erfahrungen gemacht. Ängste, die das Kleinkind zeigt, nehmen mit wachsender Erfahrung wieder ab.

Je älter ein Kind wird, umso seltener reagiert es auf jeden unerwarteten oder intensiven Reiz mit Furcht. Soziale Angst dagegen als Reaktion auf feindseliges Verhalten anderer Menschen hat ihren Höhepunkt gewöhnlich erst nach der Pubertät.
Was aus einem Kind wird, ist weder festgelegt, noch vorherbestimmt. Mit den Jahren entwickeln sich seine besonderen Begabungen und Fähigkeiten, formt und verändert sich seine Art zu denken, zu fühlen und zu handeln. Die Gehirnstrukturen entstehen erst in der Auseinandersetzung mit der Umwelt und beim Lösen von Aufgaben. Das Geheimnis des Verstandes, der Gedanken, der Gefühle liegt in der raffinierten Verknüpfung der Wege im Gehirn.

Entwicklungsprozesse sind und bleiben offene Prozesse.

Das dabei entstehende »Strickmuster« ist bei jedem Menschen einmalig und entsteht hinein ins Dunkel der noch nicht gelebten Zukunft. Erwünschte Resultate im Entwicklungsprozess hängen mit der Qualität und Beschaffenheit der Umgebung zusammen. Die Mangelhaftigkeit dieser Umgebung kann leider nicht durch wohlgemeinte und intelligente Belehrungen wettgemacht werden.

> **Was ist Besorgnis?**
>
> Besorgnis ist eine kognitive Komponente von Angst und beinhaltet unkontrollierbare negative Gedanken. Denn Kinder aller Altersstufen machen sich über verschiedene Dinge Sorgen. Das gilt es zu unterscheiden.

Es ist Aufgabe der Eltern, die notwendigen Vorkehrungen für eine geschützte, zum Reifen geeignete Umgebung zu schaffen. Die Vision von dieser Umgebung für Kinder wäre unvollständig ohne die aufmerksame und respektvolle Gegenwart von Eltern, die einfach auch da sind, wenn sie gebraucht werden. Es gibt ein Verhältnis zwischen Alter und Besorgnis in der Kindheit:

Die Art der Sorgen ist in den verschiedenen Altersstufen unterschiedlich.

- Im Alter von fünf bis sechs Jahren sind die selbstbezogenen Sorgen am ausgeprägtesten.
- Im Alter von acht bis neun Jahren beziehen sich die häufigsten Sorgen auf kompetentes Verhalten, soziale Bewertung und psychisches Wohlbefinden.
- Im Alter von elf bis zwölf Jahren decken sich die Ängste weitgehend mit denen der Acht- bis Neunjährigen, hinzu kommt die Sorge vor den zu erbringenden Prüfungsleistungen.

Kinder mit Angststörungen sorgen sich nicht notwendigerweise mehr als andere Kinder, ihre Sorgen scheinen aber intensiver zu sein.

Ängstlichkeit und Angststörung

Angst ist ein Zustand. Bei Ängstlichkeit handelt es sich um einen Wesenszug oder besser noch um eine Persönlichkeitskomponente. Ängstlichkeit entsteht auf dem Boden
- gelernter Angstreaktionen
- permanenter Bedrohungserwartungen
- subjektiven Empfindens ständiger Kontrollausübung
- einer tatsächlich geringeren Kompetenz zur Ausführung eines effektiven Bewältigungsverhaltens

Angststörungen sind Störungen, die aus Ängstlichkeit heraus entstehen. Dazu gehören z. B.:
- Mutismus
- Bindungsstörungen
- Tics und Stereotypen
- Einnässen und Einkoten
- Fütterstörungen
- Stottern, stammeln und poltern

Erlernte Ängstlichkeit

Bei der Behandlung von Kinderängsten spielt – wie bei vielen kindlichen Lernprozessen – ein weiteres Prinzip eine wesentliche Rolle: das Lernen am Modell, also am Vorbild. Vorbild sein kann der Vater, die Mutter, ein Spielkamerad, ja sogar eine Puppe – je nach Situation. Wie kommt das Lernen am Modell zustande? Das Kind ahmt ihm nahestehende Personen nach, übernimmt deren Verhaltensweisen, deren Reaktionsweisen, deren Art zu fühlen, ja sogar zum Teil deren emotionale Befindlichkeiten. Dies gilt eben auch für sogenannte unangemessene Verhaltensweisen: »Ängstliche Kinder haben ängstliche Eltern!« Diese Alltagserfahrung ist oft zutreffend. Hier hat es wenig Sinn, von den Kindern ein Verhalten zu verlangen, das die Eltern nicht vorleben können.

Kinder lernen auch durch Nachahmen Angst zu haben.

Das umgekehrte Verhältnis
Ich hatte eine sehr ängstliche Großmutter, die des Öfteren auf mich aufpasste. Sie hatte Angst vor fast allem und vor nichts zugleich. Sie war unglaublich schreckhaft. Dabei hatte die Angst eine Dimension, die dazu führte, dass jede Fähigkeit zum Nachdenken aussetzte und sie ganz von dieser Angst erfasst wurde. Als Kind machte mir das natürlich furchtbar Angst, den Menschen in seiner Angst zerfließen und sich ganz in sich selbst verlieren zu sehen, der eigentlich im Moment da ist, um auf einen aufzupassen.
Im Grunde war unser Verhältnis gerade umgekehrt, je größer die Angst war, in die die Großmutter fiel, umso mehr konnte meine Anwesenheit als Kind beruhigend auf sie wirken. Aus heutiger Sicht war ich damals der Anker, der es ihr ermöglichte, von ihren überschwemmenden Ängsten Abstand zu nehmen und sich wieder in der Alltagswelt zu verankern.
Das Besondere an ihren Ängsten war, dass sie keinen Grund und auch keine Anbindung hatten, sie flackerten durch den luft-

leeren Raum ohne Anfang und Ende und waren deshalb auch unmöglich zu greifen. Solange ich mit ihr zusammenlebte, hatten wir folgende Aufteilung: Sie hatte die Ängste und ich blieb ruhig. Als sie dann gestorben war, wurde ich plötzlich von solcherart Ängsten überfallen und erlebte sie als ganz eigene. Ich musste also erst die ungeformten und ungebundenen Ängste meiner Großmutter bewältigen, um in ein eigenes Leben hineinfinden zu können.

<blockquote>

Verinnerlicht

Emotionen sind abrufbare Handlungsbereitschaften. Wenn man bestimmte Handlungen oft genug gesehen hat und der Auslöser derselben in Fleisch und Blut übergegangen ist, dann sind sie eben auch irgendwo in einem und können jederzeit aktiviert werden.

</blockquote>

Wir übernehmen manchmal die Ängste unserer Eltern oder Großeltern.

Die richtige Balance finden!

Ungefähr mit drei Jahren lernen die Kinder schrittweise weniger ängstlich zu sein, wenn die Eltern nicht in ihrer unmittelbaren Nähe sind. Um dieses Ziel zu erreichen, durchlaufen sie aber auch Phasen und Prozesse, in denen sie sich festkrallen, panikartig anklammern, laut schreien, als würde die Welt untergehen. Reagieren die Eltern nicht einfühlend, eher kühl und bestimmt, kann eine Quelle übermäßiger Angst entstehen.

Lügen, Schwindeln und Flunkern ist im Alter von vier bis fünf Jahren nichts Ungewöhnliches. Mit kleinen Unwahrheiten zeigt uns das Kind, dass es selbstständig ist und dass wir Eltern nicht allwissend sind, aber diesen Spannungsbogen zwischen Wahrheit und Lüge im Kontakt zu einem geliebten Menschen auch auszuhalten, geschwindelt zu haben, macht eventuell auch Angst. Seien Sie deshalb nicht zu streng mit Ihrem Nachwuchs. Diesen Autonomieversuchen liegt eine große Leistung zugrunde, und sie haben nichts mit Charakterfehlern zu tun.

Es ist ratsam, kleine Kinder nicht zu schnell an einen ihnen unbekannten Ort oder an für sie fremde Personen heranzuführen, sondern dies behutsam zu tun. Vielleicht im eigenen Beisein erste entspannte und angenehme Augenblicke entstehen lassen mit der neuen Situation, Vertrauen vermitteln, dass das Kind spüren kann, es ist hier gut aufgehoben, nicht einfach weggehen, um den Stich ins eigene Herz zu vermeiden, sondern sich verabschieden und sagen, wann man wieder kommt (s. S. 116 f. Rituale im Kindergarten).

Abschiednehmen ist ein wichtiges Ritual.

> **Vorbeugend**
>
> Ein Kind tut gut daran, neuen Situationen kritisch und zurückhaltend zu begegnen. Es wäre sehr blauäugig oder schutzlos, wenn es diesem Aspekt des Neuen keinen Tribut an Aufmerksamkeit und Vorsicht zahlen würde.

Ängste können sich ausbreiten wie ein Ölteppich. Zunächst ist da der Wunsch, nicht ohne die Mama aus dem Haus zu wollen, dann folgt die Angst vor der Schule oder dem Kindergarten, dann vielleicht, nicht mehr mit der freundlichen Nachbarin zum Laden gehen zu wollen, nicht mehr auf die Toilette zu wollen, ohne dass die Tür offen steht und die Mutter gesehen werden kann. Dabei wird ein kritischer Punkt erreicht, bei dem die Angst zum Problem wird, weil sie nämlich die normale Entwicklung bremst.

Die Kinder suchen auf den jeweiligen Entwicklungsstufen immer wieder neu für sich die richtige Balance zwischen Bindung

Wenn wir erkennen, woher unsere Angst stammt, haben wir den ersten Schritt getan.

Wurzeln der Angst und Entwicklungswege der Angst

situativ durch Bedrohung ausgelöste Ängste

entwicklungsbedingte Ängste
(Angst vor dem Großwerden, vor Wachstum und Reifung)

erziehungsbedingte Ängste
(autoritär, grenzenlos, wertelos, widersprüchlich)

Imitationsängste
(durch die Eltern übertragene Ängste)

menschheitsgeschichtlich bedingte Ängste

durch Körperveränderungen bedingte Ängste

durch Erfahrung entstandene Ängste

ANGST

WENN
wir uns der Angst öffnen, sie annehmen, hinhören, sie ernst nehmen, sie einbeziehen in das eigene Handeln,

DANN
spricht die Angst in Bildern, sie wird vertraut, man lernt sie verstehen, kann auf sie eingehen (zunehmend besser), man lernt sie besänftigen, an die Hand nehmen, die Angst wird nicht statisch, sie kommt und geht, sie bindet sich an auslösende Situationen und kann deshalb bewältigt werden.

WENN
wir die Angst verdrängen, leugnen, verschieben, wegsperren, zudeckeln,

DANN
verfestigen sich unsere Angstzustände. Es entsteht lähmende Angst, inflationierende Angst, sie verselbstständigt sich. Der Kontakt zur Angstursache geht verloren, es kommt zu Angststörungen und Angstkrankheiten.

> Angst klopfte an die Tür, Vertrauen öffnete, und niemand stand draußen.
> (chin. Weisheit)

und Autonomie, Wurzeln und Flügeln, zwischen Grundbedürfnissen und Wachstumsbedürfnissen, zwischen Ehrgeiz und Innehalten zu finden. Eltern können die altersgemäß richtigen Spiel- und Entwicklungsräume mit vorbereiten helfen. Dabei macht erlebtes Urvertrauen Kinder selbstständig.

Erziehungsbedingte Ängste

Über eines müssen wir uns im Klaren sein: Auch die Familie als sicherer Hafen und Heimatort kann vom Kind aus gesehen seine Ängste betreffend ein ambivalenter Ort sein. Familie kann dem Kind Sicherheit bieten, sie kann aber auch die Ursache für die Entstehung von Kinderängsten sein oder diese sogar noch weiter anschwellen lassen.

Trifft Letzteres zu, dann liegt die Verantwortung für die Bewältigung der Ängste nicht primär beim Kind, sondern vielmehr bei den Erwachsenen, die den Mut haben müssen, sich ihren eigenen Ängsten zu stellen und die Lösung der Probleme, die Angst machen, in Angriff zu nehmen. Auch Erwachsene sind, wie wir ja wissen, nicht selten verunsichert.

> Wenn Kinder sich vor ihren Eltern fürchten, sollten Freunde oder Nachbarn eingreifen.

Erziehungsmethoden

Oft wissen Eltern nicht, wie sie sich verhalten und wie sie ihre Kinder erziehen sollen. Immer mehr Spezialisten sind notwendig, um uns stabil und im Gleichgewicht zu halten. Der einzelne Mensch fühlt sich den äußeren Mächten (z. B. Globalisierung und damit zusammenhängende Veränderungen) hilflos ausgeliefert und ohne die Möglichkeit Einfluss zu nehmen. Entsprechend ambivalent nimmt er seine Erziehungsaufgaben wahr. Wer Orientierung und Halt geben will, kann dies am besten, wenn er dem eigenen Lebenssinn auf der Spur bleibt.

Überlegenheit

Wir können unserem Kind das Gefühl geben, dumm zu sein. Wir können es durch unsere Sätze beschämen, beschimpfen oder lächerlich machen, wie z. B., »Hast du es jetzt endlich begriffen, dass es so nicht geht, du Neunmalkluger!«, und ihm ein Gefühl geben, dass es jedes Zutrauen in sich selbst verliert und Angst bekommt vor jeder Herausforderung. Wir können unser Kind von seinem Problem ablenken, statt ihm dabei zu helfen, es zu lösen. Wir können die Sache, um die unser Kind ernsthaft ringt, scherzhaft behandeln und beiseite schieben: »Du alter Angsthase, glaub es mir doch endlich, unter dem Bett liegt kein Krokodil.« Statt mit dem Kind zu überlegen, was es braucht, dass es seine Angst bezähmen kann.

Wie leicht wäre es, die Angst ernst zu nehmen, mit dem Kind unter das Bett zu schauen und jeden dunklen Winkel mit der Taschenlampe auszuleuchten. Wir können zureden, moralisieren und predigen, wie das Kind sein soll, wie es zu sein hat, statt uns mit dem zu beschäftigen, wie es sich tatsächlich gerade fühlt und was gerade ist. Wir können unseren Kindern drohen oder befehlen, wir können anordnen oder kommandieren, sie niederschreien oder gar sie mit ihrem Anliegen abwürgen. Was dann möglicherweise dazu führt, dass sie vor allen Dingen vor uns Angst haben. Wir können ungeduldig werden mit ihnen, weil ihre Ängste uns zu viel Zeit kosten.

Erziehung wirkt vielfältig – zum Guten wie zum Schlechten.

> **Wir können viel!**
>
> Wir können unsere Kinder beruhigen, sie trösten oder sie bei der Bewältigung ihrer Ängste unterstützen. Wir können Gründe, Motive, Ursachen versuchen zu finden, nach weiteren Informationen forschen, die ihnen helfen, ihre Angst zu besiegen.

Antiautorität

Unser Erziehungsstil kann zu freizügig sein, auf einer zu wenig Halt gebenden und Grenzen setzenden Erziehung beruhen. Die Kinder erleben dies möglicherweise als Gleichgültigkeit und fühlen sich ängstlich verloren in diesem unbegrenzten Raum. Wir können unsere Kinder ängstigen mit Liebesentzug, mit Aufmerksamkeitsentzug oder auch mit Missachtung. Kommt es zu Gewalt in der Familie reagieren die Kinder natürlich auch mit Angst.

Wird Kindern jeder Wunsch erfüllt, wird versucht, ihnen alle Versagungen zu ersparen, werden die Kinder unterfordert, dann können sie nicht begreifen lernen, was es heißt, sich für sich selbst, seine Wünsche, Werte und Bedürfnisse einzusetzen. Sie können ihre eigene Kraft und ihre Fähigkeiten nicht richtig erproben, haben keine Gelegenheit zur Selbstbewährung und entwickeln kaum Selbstvertrauen. Selbstvertrauen ist aber die Grundlage zur guten Bewältigung von Angst.

Setzen die Eltern unterschiedliche Erziehungspraktiken ein, die nicht kompatibel sind, haben sie gar unterschiedliche Ziele im Hinblick darauf, wohin sich die Kinder entwickeln sollen und stehen die Eltern in keinem guten Austausch darüber, dann weiß das Kind nicht mehr, was es tun und an wem es sich orientieren soll.

Autorität

Orientierungslosigkeit macht einem Kind ebenfalls Angst.

Wenden Eltern einen ausgeprägt autoritären Erziehungsstil an, werden die Neugier, der Forschungsdrang sowie der Eigenwille des Kindes unterdrückt. Individuation und Eigenständigkeit werden verhindert. Die Eltern erziehen durch Gebote und Verbote und erteilen Befehle und Anweisungen und erwarten vom Kind bedingungsloses Unterwerfen. Sie kontrollieren ständig ihr Verhalten und wollen Gehorsam durch Strenge und harte Strafen erzwingen. Abweichende Verhaltensweisen werden besonders dann sehr hart bestraft, wenn sie als Ausbruchsversuch oder als Untergrabung der elterlichen Autorität verstanden werden. Solche Eltern zeigen wenig Verständnis und Einfühlung, machen nur selten von Bestätigung, Ermutigung oder Lob Gebrauch. Natürlich lebt ein Kind – von solcherart Erziehungspraktiken begleitet – ständig in Angst.

Gleichgültigkeit

Manche Eltern verhalten sich ihren Kindern gegenüber gleichgültig und desinteressiert, haben wenig Zeit und kümmern sich kaum um sie. Sie überlassen ihre Kinder weitgehend sich selbst. Sie bieten ihnen nur wenig Zuwendung, Wärme und Zärtlichkeit, befriedigen ihre Bedürfnisse nicht und stehen ihren Kindern fast nie als Vertraute zur Verfügung. Die Kinder fühlen sich verlassen, isoliert, abgelehnt und ungeliebt. Manchmal werden die Kinder von solchen Eltern als Störenfriede wahrgenommen, als Hindernis für die eigene Selbstverwirklichung empfunden oder als Konkurrenten im Ringen um die Liebe des Partners/der Partnerin gesehen. Natürlich reagieren solcherart nicht begleitete Kinder mit unbestimmter und diffuser Angst auf ihre Situation. Sie bekommen nicht, was sie brauchen und wollen gleichzeitig ihr Bild, das sie von den Eltern haben, vor schlechten, eigenen Gedanken schützen.

> **Gleichgültigkeit gegenüber Kindern hat fatale Auswirkungen. Hier brauchen Eltern Hilfe von außen.**

Hilflosigkeit

Andererseits gibt es wiederum auch die Erziehung zur Hilflosigkeit. Immer wieder gibt es gutmeinende Eltern, die ihre Kinder vor allem Gefährlichen beschützen wollen. So konnte Eva mit vier Jahren noch keine Gabel und kein Messer benutzen, weil ihre Mutter penibel darauf geachtet hatte, dass sie solch »gefährliches Werkzeug« nicht in die Hand bekam. Sie hat sie, solange es ging, gefüttert. Es hätte ihr ja ansonsten etwas zustoßen können! Sie hätte sich z. B. stechen oder schneiden können. Sie sollte auch lieber an einem kleinen Plastikherd auf Kinderhöhe so tun, als ob sie kochen würde, statt dass sie der Mutter – auf

> Sein Kind vor dem Alltag schützen zu wollen, heißt, es von Erfahrungen fernzuhalten.

dem realen Herd auf einem Stuhl stehend – helfen würde. Denn sie hätte vom Stuhl herunterfallen oder aus Versehen auf die heiße Herdplatte fassen können.

Andere Eltern greifen rechtzeitig ein, damit das Kind die elterliche Ordnung nicht gefährden kann. So soll der vierjährige Franz auf keinen Fall sich selbst aus der Flasche etwas in sein Glas einschenken, damit er nichts verschütten kann. »Lass mich das mal machen, du machst sonst wieder alles falsch.« Oder sie begleiten den Selbstversuch gleich mit einer selbsterfüllenden Prophezeiung: »Wenn du wieder zu viel einschüttest, war es das letzte Mal, dass du das versuchen darfst.«

Unselbstständigkeit

Manche Mütter oder Väter glauben auch, sie wären unersetzlich und misstrauen jedem anderen. Sie vertrauen ihr Kind keinem anderen Erwachsenen an. So kann es weder Erfahrungen mit anderen sammeln, was seine eigenen Erfahrungen relativieren würde und wodurch es auch autonomer würde, noch kann es sich auf andere Menschen verlassen lernen. Es bekommt im Gegenteil das Gefühl, es ohne die Eltern nicht zu schaffen. Ohne Übernachtungsbesuche bei anderen befreundeten Kindern kann man nicht lernen, sich in fremden Umgebungen zurechtzufinden. Was tut solch ein Kind bei der Kindergartenübernachtung oder im Landschulheim der Grundschule? Im schlimmsten Falle »beschützen« Eltern das Kind auch noch davor. Viele Eltern verunsichern ihre Kinder und haben kein Zutrauen in die Fähigkeiten ihrer Kinder. Die Folge sind Selbstunsicherheit und Unselbstständigkeit der Kinder. So entsteht erlernte Ängstlichkeit durch überbeschützendes Erziehungsverhalten.

Wenn Eltern überängstlich und überfürsorglich sind, werden Frustrationserlebnisse erspart und falsches Mitleid gepflegt. Wie können sich dann Durchhaltevermögen und notwendiger »Biss« entwickeln, um eine Sache, die man sich vorgenommen hat, zu einem guten Ende zu bringen?

Viele Eltern versuchen zudem sämtliche Schwierigkeiten, Lösungsprozesse und Entscheidungen dem Kind vorzuenthalten. Probleme werden abgenommen, stattdessen fertige Lösungen »serviert«. Handlungsspielraum und Selbsterprobung werden auf diese Weise stark eingeschränkt.

Entscheidungsfähigkeit

Es gibt so viele Felder, auf denen etwas entschieden werden muss und fast immer kann man die Kinder beteiligen. Sei es, dass es um die Frage geht, welcher Schulranzen zur Einschulung gekauft werden soll, welches Fahrrad gekauft wird, wohin die Familie in Urlaub fährt, unter welchen Umständen die Familie eventuell umziehen würde usw.

Manche Eltern vermeiden es, ihren Kindern Geld zu geben, über das sie selbst verfügen können, vor lauter Sorge, die Kinder könnten Unnötiges anschaffen. Doch muss man nicht auch einmal Fehlkäufe getätigt haben, um daraus zu lernen? Wenn Kinder aber von Entscheidungsprozessen ausgeschlossen werden und die Austragung von Konflikten in ihrer Gegenwart vermieden wird, dann haben sie keine Chance, Entscheidungsverhalten und Bewältigungsstrategien kennen zu lernen. Hilflosigkeit und Unmündigkeit sind in solchen Situationen die Folge.

Manche Eltern tun sich schwer, ihr Kind selbst entscheiden zu lassen.

Selbstständigkeit

Wahrnehmende Erziehung hingegen bleibt mit dem Kind in gutem Kontakt und sorgt dafür, dass es sich eine hinreichend gut gedachte Zukunft für sein Leben vorstellen kann. Sie nimmt kindliche Ängste ernst und reagiert darauf mit Verständnis und Zuwendung, die zu einem Gefühl der Geborgenheit als Grundvoraussetzung der Angstbewältigung führen. Das Kind darf erfahren, dass Angst mit zum Leben gehört und dass es sie auch zeigen kann.

Das Ziel besteht darin, nicht zusätzliche Ängste zu erzeugen, um das Kind z. B. zu einem bestimmten Verhalten zu veranlassen, sondern ihm stattdessen zu zeigen, wie man Angst bewältigt und mit ihr lebt, ohne dass Lebensfreude und Selbstverwirklichung darunter leiden.

Grundsätzlich muss von körperlicher Strafe und von Liebesentzug abgeraten werden. Gerade wenn ein Kind bestraft wird oder Grenzsetzungen erfährt, muss es sich sicher fühlen, dass seine Eltern es nach wie vor annehmen. Dann werden Vertrauen und Geborgenheit trotz Bestrafung nicht erschüttert. Das Kind ist viel eher in der Lage, aus der Situation heraus zu lernen.

Schulangst

Was wir uns zu allererst bewusst machen müssen, wenn es um Schulängste geht: Die Schule hat zunächst in dem gesellschaftlichen Rahmen, in dem sie steht, einen Bildungsauftrag zu erfüllen. Da der Anforderungsbogen an die Schule äußerst gespannt ist, erreicht die Schule die Seele des Kindes nur sehr bedingt und ist stattdessen vor allem damit beschäftigt, das Kind an den vorgegebenen Rahmen anzupassen, der von ihr als überprüfbare Leistungsgröße gefordert wird. Bestenfalls in einigen Grundschulen finden wir das Eingehen auf die Entwicklungsbedürfnisse des Kindes und eine gewisse Grundaufmerksamkeit für seine Persönlichkeitsbildung. Unsere Schule basiert ansonsten weitgehend auf einer Kultur des Misstrauens, die sich keinen Lernschritt unkontrolliert entwickeln lässt. Ihr fehlt das Vertrauen, das wir als Eltern entwickeln müssen, wenn wir es nicht abwarten können, bis das Kind laufen kann. Durch die Viergliedrigkeit unseres Schulsystems erzeugen wir auch eine verdichtete Wachstumskonkurrenz unter den Kindern.

Es gibt ganz unterschiedliche Gründe, die bei Kindern Angst auslösen können, und es ist wichtig, dass wir als Eltern diese alle in Betracht ziehen können, sollte es zu einer schwierigen Schulsituation mit unserem Kind kommen (s. S. 38 ff.).

In der Schule wird nur die Leistung gemessen.

Ein interessanter Vergleich

Ich vergleiche deshalb gerne die Schule mit dem Wald. Im Wald werden die Bäume sehr eng nebeneinander gesetzt, damit sie möglichst schnell um die Wette wachsen. Denn nur die Bäume, die ganz vorne mit dabei sind, können etwas Sonnenlicht erhaschen. Die anderen bleiben zurück. Die, die zurückbleiben, werden zu einem späteren Zeitpunkt herausgehauen und als Weihnachtsbäume verkauft.

Der wirtschaftliche **Vorteil** des eng gesetzten schnellen Wachstums ist, dass die Bäume weniger Äste bilden und die Stämme damit weniger Astlöcher aufweisen und sich so besser in der Möbelindustrie verarbeiten lassen. Der **Nachteil** ist, dass der Schwerpunkt des Baumes, – mal mit dem Körperbild des Menschen verglichen – von der Bauch-/Beckenregion in den Kopf verlegt wird. Damit wird der Baum natürlich anfälliger und kann im Grunde alleine nicht mehr stehen. Fällt man die erste Reihe eines Waldes, die den Schwerpunkt ja noch weiter unten hat, dann ist es ein Leichtes, die restlichen Bäume beim ersten, stärkeren Sturm fallen zu sehen. Die Logik des Baumes, der da mittendrin steht, orientiert sich aber nicht am Gesamtbild, sondern nur an seinem kleinen Platz und seinem starken Drang nach Wachstum.

> **Jedes Kind ist so stark, wie die Umwelt es zulässt.**

Auslöser und Symptome

Die Kinder können den Gesamtrahmen so wenig übersehen, wie die Bäume. Es liegt an uns, für unsere Kinder das Ganze im Auge zu behalten, damit ihre Seele mitwachsen kann. Natürlich ist es auch unsere Aufgabe als Eltern, die Kinder darin zu unterstützen, in diesen Rahmen hineinzufinden. Aber nicht um jeden Preis. Wir müssen den Druck nicht eins zu eins übernehmen, sondern können vom Kind her schauen, wo wir eventuell auch einmal Freiräume schaffen müssen, damit das Kind wieder einwilligen kann, die Schule für sich als Herausforderung anzunehmen. Ohne die soziale Verwurzelung gerade der kleineren Kinder ist auch erfolgreiche Bildung nicht möglich.

Zeitweiliges Unbehagen und körperliche Beschwerden vor dem Schulbesuch sind häufigere Begleiterscheinungen der Kinder, wenn sie in die Schule gehen.

Die konsequente Schulverweigerung ist die letzte Eskalationsstufe dieser Angstkette. Kinder, die sich vor der Schule fürchten, sind ängstlich angespannt, klagen über Übelkeit und Schmerzen, trödeln in der Früh herum, wollen nicht aus dem Haus gehen. Sie empfinden das »In-die-Schule-gehen« als schlimmer als das »In-der-Schule-sein«. Erst in den Ferien können sie sich wirklich entspannen.

Angstauslöser

Es gibt ganz unterschiedliche Angst auslösende Gründe.

- Die Erwartungshaltung der Eltern, welche oft sehr hoch ist, so dass das Kind befürchten muss, bei Nichterfüllung dieser Erwartungen die Elternliebe zu verlieren.
- Ablösung von der Mutter/vom Elternhaus; zur Schule gehen bedeutet den häuslichen Sicherheitsbereich zu verlassen.
- Wenn Aufwand und Resultat nicht in angemessenem Verhältnis zueinander stehen.
- Zeitdruck – bestimmte Inhalte müssen bis zu einem bestimmten Termin eingehalten werden.
- Konkurrenz zwischen Schülern.
- Bewertung durch den Lehrer mit daraus folgender möglicher Ablehnung durch die Mitschüler und Verletzung des Selbstwertgefühls.
- Die Möglichkeit des Fehlermachens beim freien Sprechen, z. B. bei Referaten und Wortmeldungen, und somit einer Blamage vor den Mitschülern.
- Überforderung durch die Wahl falscher Schulform durch zu hohes Unterrichtsniveau.

- Bei Nichterreichen des Schulziels ist der angestrebte Status in der Gesellschaft nicht erreichbar – ein Abitur ist gesellschaftlich besser angesehen als ein Hauptschulabschluss.
- Physische Probleme wie eine unerkannte Begabungsschwäche (Legasthenie, Diskalkulie), Sprachstörungen, Gebrechen oder Krankheiten.

Natürlich hat die Schulangst eines Kindes Auswirkungen auf sein ganzes Verhalten. Viele Dinge, die Sie als Eltern dann wahrnehmen, sind im Grunde Sekundärsymptome, die entstehen, gerade **weil** das Kind Angst hat.

Sekundärsymptome
- Größerer Einfluss von akuter Angst auf verbale Leistungen (Verständlichkeit, Lesefähigkeit) als auf numerische (Zahlenumgang)
- Lern- und Denkstörungen, Blockaden
- Rückzugreaktionen – gerade bei Ich-schwachen Kindern
- Leistungshemmung, Passivität, Depressionen
- Negative Einschätzung der Leistungsfähigkeit
- Schwaches Selbstkonzept
- Extrem normkonformes Verhalten = erwünschtes Verhalten, dadurch Hemmung des erforschenden Verhaltens und der Entwicklung von Interessen
- Verweigerung der Schule bei Ich-starken Kindern
- Geringes Interesse am Unterrichts- und Schulgeschehen
- Aggression und Verhaltens- /Unterrichtsstörungen
- Konzentration auf körperliche Symptome (noch größere Ablenkung vom Sachverhalt)
- Körperliche Auswirkungen wie Schlafstörungen, Bettnässen, Konzentrationsmangel: Tagträume, vor sich hin dösen im Unterricht; Blutdruckerhöhung durch Dauerstress
- Behinderung der Begegnungs- und Liebesfähigkeit und allgemein mitmenschlicher Kontakte

> **Symptome sind Signale! Es gilt, den Ursachen auf die Spur zu kommen.**

Mögliche Ursachen der Schulphobie

Manchmal setzt – z. B. nach einem Schulwechsel – auch Angst vor der Schule ein. Wird die Not besonders groß, geschieht es leicht, dass Schuldzuweisungen ausgesprochen werden. Entweder wird die Familie verantwortlich gemacht mit den Argumenten der Überbehütung und Übersensibilisierung der Kinder. Oder die Schule wird als angstfördernd und unmenschlich in die Ecke gestellt. Meist kommen jedoch zu den generalisierbaren Faktoren auch noch die individuellen Verarbeitungsmechanismen des einzelnen Schülers hinzu.

Eltern sollten mit den Lehrern bei einer solchen Problematik ins Gespräch kommen und ihr gemeinsames Vorgehen aufeinander abstimmen, natürlich unter Einbeziehung des Kindes.

Was können Lehrer tun?

Sie können bei Angst, Unlust oder Widerwillen, anstatt diese zurückzuweisen oder zu beschwichtigen, die Schüler ernst nehmen und sich auf sie einlassen. Sie können sich vornehmen, Schüler niemals zu verdächtigen, dass sie z. B. eine Krankheit (Bauch-Kopfschmerzen, Schlafstörungen, Angstzustände, Essstörungen …) vortäuschen, sondern genau hinsehen, was wirklich ist. Selbst wenn Krankheit vorgetäuscht wird, ist der Schüler in einer Situation, in der er Unterstützung braucht.

Emotionale Wärme und Freundlichkeit, Wertschätzung und verständnisvolle Zuwendung, Sicherheit und Ruhe des Lehrers im Unterricht können Ängste mildern. Es ist gut, wenn offen über Ängste gesprochen werden kann, und es ist wichtig, Missverständnisse zu klären.

Lehrer können eine schwache Leistung auch motivierend bewerten.

Was können Kinder tun?

Kinder können – auch mit Hilfe ihrer Eltern – das Lernen lernen. Schulprobleme, wie schlechte Noten, Prüfungsangst oder »Durchfallen« belasten jahrelang oft sehr erheblich das Leben vieler Schüler. Aus vielen Büchern können Schüler und Eltern Tipps und Tricks erfahren, mit denen sich einfacher und effektiver lernen lässt. Die Schüler, die ihr Lernen organisieren, werden selbstsicherer und können das Gelernte besser behalten. Die Angst vor Prüfungen sinkt dadurch.

Es gibt viele gute Methoden, die das Lernen unterstützen.

Wann ist professionelle Hilfe erforderlich?
Viele Ängste von Kindern und Jugendlichen werden von ihnen bewältigt und mit Unterstützung von Eltern und Lehrkräften überwunden. Gerade bei jüngeren Kindern ist es oft nur eine Frage der Zeit, bis sich Ängste wieder legen.
Professionelle Hilfe von (Schul-)Psychologen und Sozialpädagogen sollte eingeleitet werden:
- bei Anzeichen von Schulphobie – sofort!
- wenn »Ursachen« unklar bleiben und Ängste länger andauern.
- wenn mit den Ängsten gesundheitliche Probleme verbunden sind.
- wenn Eltern in die Angstproblematik »verstrickt« sind und ihrem Kind/Jugendlichen nicht helfen können.
- wenn vermutlich familiäre Probleme der Nährboden von Kinderängsten sind.
- wenn der schulische Rahmen zum verstärkten Angstempfinden beiträgt.

Schulangst vorbeugen

Eltern können schon im Vorfeld der Einschulung für ihr Kind einiges tun, um es darin zu unterstützen, diese Angst zu überwinden. Versuchen Sie es einmal mit dem nachfolgend dargestellten Stufenprogramm. Selbstverständlich können Sie die Vorschläge variieren, abändern, manches auslassen usw. Gehen Sie dabei nicht mechanisch vor, sondern lassen Sie sich von Ihrem Kind ein Stück weit führen.

Wenn ein Kind Angst vor dem Schuleintritt hat, muss man helfen.

Stufe 1 Suchen Sie gemeinsam mit dem Kind häufig den Schulhof und das Schulgebäude auf.

Stufe 2 Gehen Sie mit Ihrem Kind in das Schulgebäude. Schauen Sie gemeinsam dem Umherlaufen und Spielen anderer Kinder zu.

Stufe 3 Lassen Sie sich vom Schulleiter die Erlaubnis geben, außerhalb der Unterrichtszeit in ein leeres Klassenzimmer zu gehen. Halten Sie sich mit Ihrem Kind dort auf.

Stufe 4 Holen Sie einen Spielgefährten hinzu. Beschäftigen Sie die Kinder mit Malen, Basteln oder einem Spiel.

Stufe 5 Gehen Sie dann vor die Tür, bleiben Sie aber in Rufweite mit Ihrem Kind.

Stufe 6 Entfernen Sie sich von der Tür, warten Sie aber noch in der Nähe des Klassenzimmers.

Stufe 7 Versuchen Sie dann, Ihr Kind während des Unterrichts eine kurze Zeit lang als Gast in einer Klasse zu lassen. Sie warten vor der Tür.

Stufe 8 Lassen Sie Ihr Kind nach und nach etwas länger im Klassenzimmer. Sie warten in der Nähe.

Stufe 9 Sie warten draußen vor der Schule und holen Ihr Kind zu einer bestimmten Zeit ab. Beschäftigen Sie es während des Aufenthaltes in der Klasse mit Mal- oder Bastelarbeiten.

Geduld und Zuversicht

Glauben Sie bitte nicht, Ihr Kind muss schon nach dem ersten Tag oder nach den ersten zwei Wochen jedes mulmige Gefühl vor der Schule verloren haben. Denken Sie immer auch daran, wie lange Sie brauchen, bis Sie sich an einem neuen Arbeitsplatz eingelebt haben.

Die Rolle der Eltern

Ein erster Schritt, Kindern bei der Bewältigung ihrer Ängste zu helfen, ist, ihre Ängste zu erkennen. Wenn Eltern die Sorgen und Nöte ihrer Kinder ernst nehmen, ihnen zuhören und über ihre Gefühle sprechen, ist dies schon ein Meilenstein in der Auseinandersetzung mit der kindlichen Furcht.

Produktiv: Auf Ängste eingehen

Viele Eltern belastet es, dass sie ihren Kindern kein Leben ohne Angst bieten können. In der Begleitung von Kindern kann und darf es aber nicht darum gehen, den Kindern möglichst alle Ängste und Schwierigkeiten aus dem Weg zu räumen. Eltern sollten vielmehr ihren Kindern das Leben mit all seinen Herausforderungen zutrauen, und sie in ihrem Bemühen unterstützen, die Herausforderungen anzunehmen, um sie zu bewältigen. Kinder können dann ihren eigenen Weg finden, wenn die Eltern – zwar aufmerksam – in der zweiten Reihe bleiben.

Die größte Hilfe

Kinder wollen schmusen und kuscheln, lachen und weinen.

Nehmen Sie die Sorgen Ihrer Kinder ernst und lassen Sie Ihr Kind seine Gefühle ausdrücken. Schlagen Sie ihm vor, die Angst machende Situation zu malen, im Rollenspiel oder in anderer Weise ins Außen zu gestalten. Manchmal bedarf es hierfür einiger Mut machender Worte. Versuchen Sie auch dem kindlichen Bedürfnis nach Nähe nachzukommen. Kinder genießen das Kuscheln mit ihren Eltern, aber auch gemeinsame Ausflüge, Spiele oder andere gemeinsame Aktivitäten.

Wenn Ihr Kind vor lauter Angst einmal kopflos wird, geraten Sie nicht selbst gleich in Panik, sondern versuchen Sie sich Ihre innere Gelassenheit zu bewahren, auch wenn Sie sich selbstverständlich von den Gefühlen Ihres Kindes angesprochen fühlen. Sie sind Ihrem Kind eine große Hilfe, wenn es seine Angst haben darf und Sie ihm – auch mal ohne Worte – vermitteln, dass Sie ihm vertrauen.

Sagen Sie ruhig auch hin und wieder, dass Sie an es glauben. Sollten Sie den Glauben an Ihr Kind verlieren, arbeiten Sie daran, aber bitte für sich, Ihr Kind sollte das nicht unbedingt mitbekommen.

Fühlen sich Kinder in ihrer Familie geborgen, dann bedeutet das nicht, dass sie vor Angst geschützt sind, aber es kann schon heißen, dass es einen inneren Bereich der relativen Sicherheit gibt, ähnlich einer Insel, der sich nicht von Ängsten infizieren lässt. Vermitteln Sie deshalb Ihrem Kind: Du bist einzigartig, du bist wichtig, wir lieben dich, es wird für dich gesorgt, du kannst dich dem Leben anvertrauen. Du bedeutest uns viel, deine Welt interessiert uns. Seien Sie fürsorglich mit ihm und zeigen Sie ihm, dass Sie auf seine Bedürfnisse hören, auf sie eingehen. Vermitteln Sie Ihrem Kind auch Verlässlichkeit. Sorgen Sie für genügend Erfahrungen, die dem Kind deutlich machen: Meine Eltern halten zu mir, sie sind bei mir, sie halten ihr Wort und ich kann mich auf ihre Versprechen verlassen.

Lassen Sie das Kind mit seinen Bedürfnissen und Gefühlen nicht allein.

> **Unfehlbare Erwachsene?**
>
> Machen Sie auch deutlich, dass Sie nicht unfehlbar sind und dass das nichts an Ihrer Grundhaltung ändert. Lassen Sie das Kind wissen, dass auch Sie nicht alles wissen. Für das Kind ist es gut, wenn es erlebt, wie Sie sich mit ihm gemeinsam auf die Suche nach Antworten auf seine Fragen begeben.

Grundlagen für elterliche Hilfestellungen
1. Erziehen Sie Ihr Kind zur Selbstständigkeit, unterstützen sie es, dass es zu einer einzigartigen Persönlichkeit reifen kann.
2. Das Kind muss zur Mitarbeit im Umgang mit seinen Ängsten gewonnen werden, wir können sie ihm nicht abnehmen.
3. Nehmen Sie die Angst Ihres Kindes ernst.
4. Bitte bagatellisieren Sie weder die Ängste Ihrer Kinder, noch überdramatisieren Sie sie.
5. Lassen Sie sich von Ihrem Kind die Angst beschreiben.

6. Versuchen Sie selbst herauszufinden, wo die Ursachen der Ängste liegen. Stellen Sie sich folgende Fragen oder machen Sie sich entsprechende Gedanken dazu:
   - Sind die Ängste des Kindes Ausdruck eines Entwicklungsschrittes?
   - Könnten die Ängste etwas zu tun haben mit Unsicherheiten in der familiären Situation?
   - Denken Sie daran: Nicht nur dramatische Ereignisse wie Scheidung, Krankheit oder Tod bringen seelische Belastungen für Ihr Kind mit sich, sondern auch die Geburt eines Geschwisterkindes, die berufsbedingte Abwesenheit des Vaters, der Start im Kindergarten, die Einschulung, ein Umzug oder emotionaler Stress der Eltern kann bei Kindern Spuren hinterlassen.
   - Haben Ängste mit der außerhäuslichen Situation zu tun? Gibt es Probleme in Kindergarten, Schule oder im Hort?
   - Bei Ängsten schwerwiegenderer Natur (Phobien, Panikattacken) ist es gut, einen Sozialpädagogen, Therapeuten oder Erziehungsberater zu Rate zu ziehen.

Die wichtigsten Botschaften stecken in Träumen und Geschichten!

7. Hören Sie auch auf die Geschichten, Rollenspiele und Träume Ihrer Kinder, in ihnen verstecken die Kinder oft ihre wichtigsten Botschaften. Tragen Sie zur Entschlüsselung bei, aber bitte unterstellen Sie Ihrem Kind keine Deutungen als Wirklichkeiten! Bieten Sie Ihrem Kind Ihre Sicht an und akzeptieren Sie es, wenn Ihr Kind das Angebot nicht aufnehmen will oder kann.

8. Führen Sie Gespräche mit den Kindern, hören Sie aufmerksam zu, ohne gleich etwas dazu zu sagen und üben Sie das partnerschaftliche Miteinanderreden.

9. Geben Sie nur solche Informationen, die das Kind auch hören will, denn ein gutgemeinter Wortschwall geht am Kind vorbei.

10. Sorgen Sie für gemeinsame Erfahrungen und gemeinsames Spielen.

11. Jede Angst hat ihre Zeit. Seien Sie geduldig und erwarten Sie bitte nicht, dass nach den ersten Gesprächen die Angst gleich verschwindet.
12. Suchen Sie nach Geschichten und Märchen, in denen sich Ihr Kind mit seiner Angst wiederfinden kann.
13. Machen Sie Versuche mit eigenen Geschichten und schämen Sie sich nicht gleich, wenn sie etwas holprig werden. Das Kind weiß die Qualität Ihrer Bemühungen zu schätzen.
14. Achten Sie auf die Körperprache Ihres Kindes. Dort lässt sich leicht ablesen, ob Ihr Kind von einer grundsätzlichen Lebensangst begleitet ist oder ob es sich situativ ängstigt.
15. Zeigen Sie Ihrem Kind, wie man sich selbst entspannen kann (autogenes Training, progressive Muskelentspannung nach Jacobsen, Meditation, Yoga usw.)

Eltern können verstehen

Eltern können Ängste nicht verhindern, aber sie können Ängste begleiten. Begleiten heißt dann auch verstehen lernen. Bei auftretenden Kinderängsten sollten wir uns deshalb grundsätzlich folgende Fragen stellen:

Unsere Kinder brauchen individuelle Begleitung.

- Stehen die auftretenden Ängste im Zusammenhang mit der ganz normalen Entwicklungsphase, in der sich das Kind gerade befindet?
- Beziehe ich das Temperament und vor allen Dingen auch den Grad an Empfindsamkeit meines Kindes in meine Überlegungen mit ein?
- Sind es vielleicht eher meine Ängste, die ich im Moment wahrnehme und gar nicht so sehr die Ängste meines Kindes?
- Müsste ich mehr Abstand gewinnen in meiner Elternrolle?
- Was tue ich dazu, dass sich mein Kind vor mir nicht fürchten muss?

- Bemerke ich es, wenn mein Kind Angst bekommt, die ich verursacht habe?
- Wie kann ich meinem Kind aus der durch mich verursachten Angst helfen?

Wenn die Tür zum nächsten, größeren Entwicklungsschritt aufgeht, nimmt die Angst nicht selten überhand. Entwicklungsprozesse verlaufen nicht immer kontinuierlich, Entwicklungssprünge und -rückschritte sind normal. Auch Kinder haben ihre Krisen. »Manchmal habe ich solche Angst ...«
Je mehr Sicherheitsgefühle und innere Kraft Sie an Ihr Kind weitergeben, umso weniger wird es sich ängstigen.

Nicht immer optimal

Manchmal hat man selbst keinen Grund, hoffnungsvoll in die Zukunft zu blicken.

Die Situation von Eltern ist nicht immer so, dass sie ihren Kindern die optimalen Bedingungen für einen guten Start ins Leben ermöglichen können. Vielleicht ist der Rückblick auf die eigene Biografie ein schmerzhafter Blick. Vielleicht hat die eigene Geschichte da wenig Platz für den Aufbau vertrauensvoller Beziehungen gelassen. Dann ist es nicht selbstverständlich der Entwicklung der Kinder mit der nötigen Sicherheit und dem nötigen Vertrauen zu begegnen. Manchmal ist man auch durch die aktuelle Lebenssituation selbst hoch belastet, von Sorgen gequält und man fühlt sich erschöpft, ausgelaugt und unzufrieden. Das ist nicht leicht. Denn wie soll ich meinen Kindern Lob und Anerkennung aussprechen, wenn ich mich selbst ungeliebt und niedergedrückt fühle? Und so kann es ohne Absicht geschehen, dass die elementaren Bedürfnisse der Kinder nur unzulänglich wahrgenommen werden und für die aufkommenden, kindlichen Ängste kein Raum bleibt. Natürlich fällt es schwer, Kinder zu ermutigen, wenn man selbst sorgenvoll auf sein Leben schaut (s. S. 121 f.).

> **Was bin ich mir selbst wert?**
>
> Kindern in angstvollen Situationen Halt zu geben, setzt einen achtsamen Umgang mit sich selbst voraus sowie die Bereitschaft, ein Stück weit zurückzuschauen und nach Situationen und Erinnerungen zu suchen, die einem selbst Wertschätzung vermittelt haben.

Kontraproduktiv: Angstvermeidung

Fast scheint es so, als ob der Umgang mit Angst schwer zu erlernen ist. Deshalb ist es auch nicht verwunderlich, wenn Menschen sich Strategien zur Angstvermeidung angewöhnen und diese auch im Umgang mit ihren Kindern weitergeben. Denn wer seine Angst leugnet, muss keinen Weg finden, mit ihr umzugehen. Doch das führt unweigerlich in eine Sackgasse.

»Du brauchst keine Angst zu haben!«

Generationen von Kindern wurden durch die gut gemeinten Worte der Erwachsenen getäuscht. Die Gefühlslage des Kindes wird darin ignoriert, wodurch die Angst sich als diffuses Gefühl – als undefiniertes, unangenehmes Knäuel – in seinem Inneren ablagert. Warum nur gebrauchen viele Erwachsene diesen Satz auch heute noch? Irgendwie geht er so leicht über die Lippen und klingt so vertraut. Der überlegene Erwachsene sagt dem Kind, das Angst äußert, es brauche diese nicht zu haben, sein Gefühl sei unangemessen.

Doch wieso gebraucht er diese Worte und vertraut nicht einfach auf die schützende Wirkung seiner Nähe? Wäre es nicht besser,

Erwachsene machen des Öfteren gedankenlose Äußerungen.

> **Weder Angsthasen noch Supermänner wissen die richtige Antwort.**

er würde kundtun: Ich bin bei dir, erzähl mir von deiner Angst. Dann hätte das Kind die Chance, sich zu öffnen. Doch stattdessen spürt es den Widerstand des Erwachsenen und lernt eine erste Lektion im Umgang mit Angst: Wenn ich damit zu den Großen komme, dann ist ihnen das nicht recht. So übernimmt das Kind deren Einstellung und bemüht sich, in Zukunft in Angstsituationen cool zu bleiben und sie mit sich allein auszumachen. Diese überlieferte Sicht der Leugnung wird der Angst als grundlegender Emotion nicht gerecht. Kinder brauchen vielfältige Möglichkeiten zur konstruktiven Auseinandersetzung mit ihren Ängsten, denn dadurch reift ihre Persönlichkeit. Angst gehört nun einmal zum Leben der Kinder.

Wer versagt, soll sich schämen?

Es ist Aufgabe von uns Erwachsenen die Kinder aus einer dunkleren Sackgasse der Angst zu holen. Gut ist es, wenn man deshalb mit Kindern über ihre Ängste spricht. Denn eine weitere Form kindlicher Angst ist die Scham-Angst und Versagens-Angst. Beide hängen eng zusammen und können Kindern das Zusammenleben in der Familie oder Kindergartengruppe erschweren. Diese Sozialisationsängste erlebt ein Kind mit einem Gefühl des eigenen Ungenügens. Es findet sich im Gegensatz zu den anderen nicht in Ordnung, erlebt sich als Versager und wird immer wieder ausgelacht. In der Rangordnung der Gruppe steht es am unteren Ende. Schlimm ist es, wenn ein Kind sich dort auf Dauer einrichten muss. Das darf auf keinen Fall geschehen. Deshalb heißt die Parole: Raus aus der Angstecke!

Ganz allgemein hilfreich kann dann folgendes Verhalten sein: Sich auf die Erlebnisebene des Kindes begeben und seine spezifische Form der Angst ernst nehmen. Werden die Kinder auf der Symbolebene angesprochen, sind sie schnell bereit, ihre eigenen Lösungsansätze preiszugeben.

Um das Kind aus der Position des traurigen Außenseiters zu befreien, können Sie beispielsweise mit dem Kind »zu den Gespenstern hingehen, mit den Monstern reden« und mit ihnen im Rollenspiel agieren.

Die Gruppe hilft

Da Angst eine isolierende Funktion innerhalb der Gemeinschaft hat, will niemand mit dem Angsthasen spielen. Das Kind gerät unter großen inneren Druck, kann zum schwarzen Schaf werden und leiden. Ein offenes Gespräch z. B. mit der Gruppe im Kindergarten zu führen, kann hilfreich sein.
Werden Angsterfahrungen innerhalb der Gruppe geteilt, kann sich auch die kreative Funktion der Angst zeigen. Sie weckt spielerische Ideen und verändert dadurch ihr bedrohliches Gesicht. Da Scham-Angst bei Kindern häufig auftritt, ist es für das Zusammenleben sehr förderlich, von Zeit zu Zeit solchen emotionalen Erfahrungen Raum zu geben.

Am liebsten lernen Kinder von Kindern.

Geschichten helfen

Eine Mutter fängt an, eine Geschichte zu erzählen: Der kleine Dachs kam weinend zu seiner Mama in den Bau und sagte: »Die lachen mich immer aus ... Sven, was denkst du denn, was die Dachsmutter ihrem Kleinen geraten hat?« Kinder lieben es, sich mit Tieren zu identifizieren und steigen bei solchen Fortsetzungsgeschichten schnell ein, erzählen weiter, folgen der Spur ihrer Fantasie. Auf diese Weise fassen sie ihre verschiedenen Schamerfahrungen in Worte, erleben Solidarität und Entlastung. Solche spielerischen Formen des Umgangs mit angstbesetzten Inhalten sind Balsam für die kindliche Seele und tragen zur Offenheit in einer Kindergruppe bei.

Verlassenheits- und Trennungsängste

Jedes Kind begleiten diese Art von Ängsten. Veränderungen im Leben eines Kindes machen es unsicher. Sobald die gewohnte Kontinuität unterbrochen wird, sich das häusliche Umfeld verändert, sei es durch Krankheit, Scheidung, durch andere Risiken des Lebens oder auch nur durch eine gestresste Mutter, die kein Gehör mehr für ihre kleine Tochter findet, tauchen bei Kindern Verlust- und Trennungsängste auf, die ihr Verhalten einschneidend verändern können.

Im Krankenhaus
Marias Mutter ist über viele Wochen im Krankenhaus. Das Kind wird von der Großmutter und vom Vater gut versorgt. Eigentlich könnte alles in Ordnung sein, doch das Gegenteil ist der Fall. Das ehemals ausgeglichene Mädchen hat sich in ein umtriebiges und hyperaktives Kind verwandelt. Allen fällt es schwer, diese Nervensäge auszuhalten. Maria steht unter Hochspannung. Die Angst um die Gesundheit der abwesenden Mutter versetzt sie in ständige Alarmbereitschaft. Seit sie bei einem Besuch zugesehen hatte, wie ein Verstorbener aus dem Nachbarzimmer der Mutter gebracht wurde, kann sie abends nicht mehr einschlafen.
Die Angst, die Mutter könne auch sterben, hat sie gepackt. Unentwegt spricht sie über das Sterben, erschreckt ihren Papa, denn was soll dieser dem Kind antworten, als es sagt: »Wenn Mama stirbt, will ich auch sterben!« Das Mädchen bringt den Vater an die Grenze seiner Fähigkeiten.

Die Geschichte von Maria geht im Kindergarten weiter:

In der Puppenecke spielen einige Mädchen über längere Zeit Krankenhaus. Maria übernimmt die Rolle der Krankenschwester – das will sie werden, wenn sie groß ist. Diese Spiele entspannen das Mädchen, denn sie geben ihr die Möglichkeit, aktiv am Geschehen im Krankenhaus mitzuwirken. In der Realität ist sie davon ausgeschlossen, aber im Spiel kann sie

Einfluss nehmen, handeln, die kranke Mutter gesund pflegen. Doch es dauert noch, bis das Kind die Trennungs- und Verlassenheitsangst überwunden hat.
Was kann der Vater in einer solchen Situation tun, da er ja selbst ähnliche Gedanken hat, die in ihm kreisen? »Stimmt's, Maria, du willst auch, dass die Mama ganz schnell wieder gesund wird? Es ist so schwer auszuhalten, wenn man gar nichts tun kann und einfach nur warten muss, geht dir das auch so? Ich bin froh, dass wir beide uns haben, so dass wir über unsere Angst, unsere Trauer, unsere Ohnmacht und unsere Wut sprechen können. Komm, wir denken ganz fest an die Mama, vielleicht geht es ihr dann schon bald besser. Sollen wir ihr ein Bild malen?«

Denken Sie in ähnlichen Situationen daran: Das Kind hat keine Angst vor Grenzüberschreitungen, vielmehr möchte es auch die traurige und unangenehme Seite des Lebens mit dem Erwachsenen teilen!

Eine gute Frage

Wenn Kinder existenzielle Fragen stellen, neigen Erwachsene dazu, erklärende Reden zu halten. Oft wendet sich das Kind dann ab. Besser ist es, die Frage des Kindes langsam zu wiederholen. Dann kann es geschehen, dass das Kind die Frage modifiziert oder die Frage hinter der Frage findet. Erwachsene können das Kind bestätigen: »Das ist eine gute Frage.« Damit gibt man dem Kind zu verstehen, ich nehme dich ernst: »Du, da muss ich noch drüber nachdenken.« Erwachsene dürfen auch ehrlich sein: »Ich weiß keine Antwort. Aber vielleicht fällt dir noch eine ein.«
Oft reicht es doch schon, in seiner Angst von einem Menschen, den wir lieb haben, erkannt zu werden und Trost bei ihm zu fin-

> **Erinnern Sie sich, was Ihnen hilft, wenn Sie Angst haben?**

den. Die Kinder wissen durchaus auch, dass das Leben Seiten bereithält, die außerhalb unserer Macht liegen und mit denen wir uns arrangieren müssen. Fühlen wir uns verstanden und aufgehoben für einen Moment, dann können meist die Tränen fließen und das haben wir alle schon einmal erfahren: Tränen lösen die Anspannung und machen uns weich.

Oft greifen Kinder in solchen Zeiten vermehrt zum Malstift und verarbeiten ihre Ängste auf diesem Weg. Sie lassen sich intuitiv von ihren kreativen Gestaltungskräften leiten, setzen sich und gleichzeitig den Erwachsenen ins Bild.

Kreativität schafft Distanz zur Angst.

Beim Malen schafft das Kind Distanz zu seiner Angst, wird entspannter und ruhiger. In normalen entwicklungsbedingten Ablöse- und Autonomieprozessen entwickeln Kinder ihre ganz eigenen Lösungsstrategien in der Beziehung zum Erwachsenen. Sie vergrößern die Entfernung zu ihm, vergewissern sich aber immer wieder seiner Nähe.

Rituale im Kindergarten

Verantwortungsvolle Pädagogen/innen entwickeln für den Eintritt in die Kindertageseinrichtung oder für die Einschulung hilfreiche, vertrauenserweckende Übergangsrituale, um die Ängste des Kindes aufzufangen. Doch sind diese Abläufe keine Garantie dafür, dass jedes Kind selbstverständlich seine Verlust- und Trennungsängste überwindet.

> **Eltern – nicht klammern!**
>
> Das »Sich-Lösen« aus der Familie, um offen auf Erzieherin und andere Kinder zugehen zu können, ruft Trennungsängste wach. Machen Sie Ihrem Kind Mut! (s. S. 126 f.)

Manche Kinder fallen plötzlich zurück in kleinkindliches Verhalten, klammern sich zu Hause an die Bezugspersonen, werden aggressiv, machen wieder in die Hose, fallen in ihre Babysprache zurück. In dieser Zeit muss das Kind viel Neues lernen. Deswegen braucht es eine intensive und wahrnehmende Begleitung. Seine Angst, verloren zu gehen, kann dazu führen, dass es von zu Hause oder von der Kindertageseinrichtung wegläuft.
Das tut es nicht bewusst, sondern es wird von der Angst getrieben, ein verlassenes Kind zu sein. Es erlebt sich als verloren und hält dem Erwachsenen einen Spiegel vor. Helfen Sie Ihrem Kind, einen Anfang zu finden, ehe Sie sich für den Tag verabschieden. Eventuell gibt es auch die Möglichkeit den Abschied zu ritualisieren, indem Sie ihm z. B. am Fenster noch einmal zuwinken.
Unruhe entsteht bei den Kindern auch, wenn der Tag im Kindergarten zu Ende geht. Diese Schlussphase zeigt meist eine aufgekratzte und spannungsgeladene Atmosphäre, die unter anderem die Angst mancher Kinder verursacht, zu spät oder gar nicht abgeholt zu werden. Im Laufe der Zeit kehrt dann Beruhigung ein, wenn die Kinder merken, dass sie sich auf einen bestimmten Ablauf oder zeitlichen Rhythmus verlassen können. Sollten Sie doch einmal eine Verspätung nicht vermeiden können, rufen Sie im Kindergarten an und sagen Sie Bescheid, dann weiß Ihr Kind, es ist alles in Ordnung.

Anrufen ist immer besser, als wortlos zu spät zu kommen.

Keine Sicherheit
Ich kann mich, obwohl es schon eine ganze Weile her ist, noch gut an die Zeit erinnern, als mein Sohn Paul in den Kindergarten kam. Er war gerade erst trocken geworden, hatte aber schon zuvor erste Erfahrungen in einer Kindergruppe sammeln können. Er freute sich auf den Kindergarten. Er war vorher bereits einmal auf Besuch, hatte die Kinder und auch die Erzieherin kennen gelernt und konnte sich so die Situation gut vorstellen und sich im Vorhinein schon einmal hinein fantasieren. Die ersten Tage wich er uns zu anfangs am Morgen, wenn wir ihn

brachten, nicht von der Seite und wir blieben da, bis er in ein Spiel hineingefunden oder Kontakt zu den anderen Kindern aufgebaut hatte. Wir verabschiedeten uns dann und sagten ihm, dass wir ja bald wieder kämen. Die Erzieherin hob ihn ans Fenster, und er konnte uns noch kurz nachwinken. Am dritten oder vierten Tag wollte er dann unbedingt seinen Eisbär Arthur mit in den Kindergarten nehmen. Offensichtlich hat er über andere Kinder gesehen, dass man von Zuhause etwas mitbringen darf. Der Eisbär war sein Ein und Alles, mit ihm ging er ins Bett, ihn tröstete er, mit ihm schimpfte er usw. Er war schlechthin das, was man ein Übergangsobjekt nennt. Er war beseelt, er gab Schutz und über ihn konnte er ein Stück häusliche Sicherheit und Geborgenheit mit in den Kindergarten bringen. Er hatte im Kindergarten nun auf der Garderobenbank seinen festen Platz und durfte mit am Vespertisch sitzen. Auch beim Spielen, so erzählten uns die Erzieherinnen blieb er an seiner Seite. Einige Tage später wollte er ihn jedoch plötzlich nicht mehr mit in den Kindergarten nehmen.

Die Erzieherinnen erzählten uns, dass wohl drei oder vier der größeren Jungs ihm seinen Eisbär weggenommen hatten, ihn sich zugeworfen hatten und er nicht imstande war, ihn sich zurückzuholen. Das ihm Allerliebste war ihm plötzlich in Gefahr. Er ging weiter in den Kindergarten, aber der Eisbär blieb zu Hause. Er hatte offensichtlich bemerkt, dass er ihm im Kindergarten keine Sicherheit geben kann.

Fast ein Jahr später kam dann der Zeitpunkt, zu dem er ohne Aufforderung durch irgendjemand plötzlich seinen Eisbären aus dem Bett holte, ihn anzog und in seinen Rucksack steckte. Wir Eltern lachten uns an, ja, wir hatten es die letzten Wochen schon gespürt, jetzt ist er im Kindergarten angekommen und fühlt sich dort auch ein Stück heimelig. Er kann für sich sorgen, weiß, wie es ihm gut geht dort, was er dazu tun muss und er kann jetzt auch seinen Eisbären verteidigen, wenn ihn ihm jemand wegnehmen will. Der Kindergarten ist ganz selbstver-

Ein Kuscheltier ist auch ein Stück Zuhause.

ständlich zu einer Art zweitem Zuhause geworden. Wir spürten eine Last von unseren Schultern fallen und waren erleichtert. Unser Sohn hatte wieder einen Schritt erfolgreich gemeistert.

Trennung der Eltern

Eine möglicherweise bevorstehende Trennung oder Scheidung der Eltern ist für Kinder eine ganz besondere Situation und Herausforderung. Die Angst, die Eltern könnten sich trennen, lässt den Boden der kindlichen Existenz wanken. Ein Kind, das die Scheidung seiner Eltern durchleidet, ist auf den Kindergarten oder auch die Schule ganz besonders angewiesen. Sie stellen das Kontinuum in seinem sich verändernden Leben dar.
Da Scheidungsprozesse meist über längere Zeit laufen, passiert es schnell, dass die davon betroffenen Kinder vergessen werden, sobald die akute Phase vorbei ist.
Was können Eltern tun in diesen sensiblen Zeiten des Übergangs? Hilfreich sind kleine Gesten im Alltag, die dem Kind zeigen: »Meine Eltern wissen um meinen großen Schmerz«. Eltern sollten auch den Mut aufbringen, mit den Kindern über die Situation zu sprechen und ihnen aufzuzeigen, was sie künftig erwarten wird. Es ist ferner sinnvoll, auf andere Kinder zu ver-

Die Angst wird kleiner, wenn getrennte Eltern miteinander im Gespräch bleiben.

> **Beim Kind »auftanken«**
>
> Natürlich ist es schwer als Eltern, in einer solchen Situation den Blick für das Kind nicht zu verlieren. Schließlich ist man ja mit sich selbst beschäftigt. Trotz eigener Verletzung und Kränkung sollten Sie gerade jetzt auch öfters mit dem Kind zusammen etwas zu machen. Das gibt auch Ihnen seelischen Halt.

weisen, die Ähnliches schon erlebt haben. »Dein Freund Karsten hat das auch schon erlebt. Habt ihr denn darüber einmal gesprochen?« Kinder können sich gegenseitig sehr viel mehr helfen, als wir Erwachsenen oft denken. Die Erfahrung der Solidarität baut Angst ab und fördert den Zusammenhalt.

Was kann der Kindergarten tun?

Sollte die Erzieherin auf das verängstigte Kind zugehen oder abwarten? Hier müssen auch Sie als Eltern klare Signale aussenden.
Bleibt es ungewiss, was Sie sich für das Kind wünschen, bleiben auch die Erzieherinnen oft in ihrem Zwiespalt stecken: Die Erzieherin hat von der Trennung der Eltern gehört und weiß nicht, wie sie sich dem Kind gegenüber verhalten soll. Ist es richtig, wenn sie es auf diesen unangenehmen und angstbesetzten Inhalt anspricht? »Ich will dem Kind doch keine Angst machen!«, lautet ein Grundsatz, der das vermeintliche Wohl des Kindes im Auge hat. Soll man warten, bis das Kind von sich aus darüber spricht? Nein. Hier handelt es sich nur wieder um den Wunsch der Erwachsenen, die aufgrund ihrer eigenen Unsicherheit auf den Impuls des Kindes warten. Wenn sich Kinder emotional schlecht fühlen und Angst haben, dann entspricht es nicht ihrem Verhaltensrepertoire, beim Erwachsenen Rat zu holen. Der Erwachsene sollte seine Unsicherheit überwinden und nicht rationalisieren. Behutsame Worte sind weder Zugriff noch gewaltsames Eindringen in das Innere des Kindes. Es ist falsch zu meinen, das Angesprochen-Werden auf einen unangenehmen Sachverhalt vergrößere die Angst des Kindes. Das Gegenteil ist der Fall. Oft warten die Kinder sehnsüchtig darauf, dass der Erwachsene sie anspricht. Die Angst des Erwachsenen, er würde durch seine Intervention eine Lawine im Inneren des Kindes auslösen, muss hinterfragt werden.

Handeln wir aus Unsicherheit oder aus Bequemlichkeit nicht?

»Na, Andreas, du hast es im Moment auch nicht leicht mit deinen Eltern?«, kann schon ausreichen, um ein Kind einzuladen, über seine Gefühle und seine Situation zu sprechen. Aber auch wenn es nichts sagt, tut es ihm gut, zu wissen, dass der Erwachsene in seiner Nähe um seine innere und äußere Situation weiß.

Aufgaben und Hilfen für Eltern

Wenn Kinder etwas tun, das sie mit Freude erfüllt, wenn sie bemerken, wie sie handelnd eingreifen können und Mitgestalter ihres Lebens sind, wie sie zu Veränderung beitragen können, entwickeln sie Vertrauen in die eigenen Fähigkeiten. Wer erfüllt ist von Stolz, um seine Stärken und Fähigkeiten weiß, fühlt sich in seiner Haut wohl. Die Aufgabe von uns Erwachsenen ist:

- den Erzählungen der Kinder zu lauschen, um dadurch ein tiefgehendes Verständnis über die Art ihrer Ängste zu gewinnen.
- über Ängste sprechen, sie ernst nehmen, gleichzeitig dazu beitragen, dass sich das Gefühl von Sicherheit, Liebe und Geborgenheit, wenn es abhanden gekommen ist, wieder aufbauen kann.

Ein Heilmittel im Umgang mit Angst ist Vertrauen und Gelassenheit.

Was können wir generell tun?

- Wir können aus erwachsener Sicht die Ursachen und Gründe für die kindlichen Ängste analysieren.
- Wir können dem Kind zu hören, ihm Vorschläge machen, wie die Angst oder die ihr zugrunde liegende Bedrohung zu bewältigen sein könnte und erste Schritte der Bewältigung mit ihm gemeinsam gehen.
- Wir können uns überlegen, wie wir die Situation so verändern können, dass sich die Angst des Kindes reduziert. Vielleicht in kleinere Anforderungshäppchen aufteilen?

Dem Kind Mut machen bedeutet schon, ihm ein Stück Angst zu nehmen.

- Wer eine Sache vermeidet, entwickelt noch mehr Ängste, denn er verliert nicht nur sein Selbstbewusstsein, sondern es mangelt ihm auch an Übung, sich der Angst zu stellen. Es geht also darum, das Kind darin zu unterstützen, Vermeidungskreisläufe zu durchbrechen.
- Wir können versuchen den Weg über die körperlichen Angstsymptome zu gehen, das Kind anleiten zur Entspannung, es sich bewegen lassen, wenn es an die Angst denkt, damit es nicht verkrampft. Essen in der Angstsituation kann ebenfalls helfen.
- Wir können mit dem Kind die Angstgedanken immer wieder durchgehen und es auf sein Angstverhalten aufmerksam machen.
- Oft nehmen die Kinder, ausgelöst durch irgendeine Begebenheit, die Angst schon vorweg, ehe die Situation sich ereignet. Hier können Eltern das Kind wieder zurückholen, indem sie ihm das spiegeln.
- Wir können immer wieder Trainingssituationen aufzusuchen, die das Kind darin schulen, eine positive Selbststeuerung zu entwickeln.
- Wir unterstützen den Aufbau eines angstberücksichtigenden, aber nicht lähmenden Verhaltens.

Was können wir konkret tun?

- Helfen Sie Ihrem Kind seine gefühlten Ängste zu versprachlichen und Bilder dafür zu finden (wie ein Kloß im Hals, wie ein Stein im Magen etc.)
- Richten Sie Ihr Augenmerk auf körperliche, gedankliche und gefühlsmäßige Äußerungen. Achten Sie darauf, wenn die Symptome mal nicht auftreten und verstärken sie das positiv. »Hast du es bemerkt Peter? Gerade noch scheinst du schwer erkältet, jetzt hast du den Konflikt mit deiner Schwester ge-

klärt und von deiner Erkältung ist nichts mehr zu spüren.«
»Hast du gemerkt, heute hast du in der und der Situation gar keine Angst gehabt.« »Merkst du, dass du gerade an die Angstsituation von gestern gedacht hast und schon ist die Angst wieder da, obwohl es dafür im Moment gar keinen Grund gibt.«
- Lassen Sie sich immer wieder die Unterschiede der jeweiligen Angstsituation beschreiben. Wann war die Angst größer, wann schwächer?
- Sorgen Sie für Momente, in denen Ihr Kind die Angst vergessen kann, so dass wenigstens für Momente ein Stück Unbeschwertheit zurückkehren kann.
- Helfen Sie Ihrem Kind sich zu entspannen, nehmen Sie es in den Arm, geben Sie ihm körperlich Halt.
- Sprechen Sie auch über eigene Ängste und wie Sie damit fertig werden.
- Zeigen Sie auf, dass Angst etwas Wichtiges und Hilfreiches ist, weil sie uns schützen kann oder auch unsere Kräfte mobilisieren kann.

Das Gras wachsen hören

Das Verstehen kindlicher Ängste ist die Voraussetzung für hilfreiches Handeln.
Einerseits können Eltern die Ängste ihrer Kinder aber nur verstehen, wenn sie sie dazu einladen und ermuntern, über ihre Ängste zu sprechen. Ängste dürfen also sein und werden als ganz normaler Bestandteil des Lebens betrachtet. Andererseits müssen Eltern hinhören lernen, um zwischen den Zeilen herauszuhören, wenn ihr Kind sich vor etwas ängstigt.
Damit sich Kinder ihren Ängsten nicht hilflos ausgeliefert fühlen, braucht es aber mehr noch wie eine Einladung an die Kinder und ein Hinhören auf Seiten der Eltern.

Hinhören und Verständnis äußern können gelernt werden.

> **Sprachliche Bilder erkennen**
>
> Kinder teilen ihre Ängste nun einmal nicht in einer erwachsenengerechten Sprache mit, sondern in sprachlichen Bildern. Sie vermitteln die Botschaften also eher indirekt. Diese Art der Mitteilung kann im stressreichen Alltag auch ohne böse Absicht schnell überhört werden.

Eltern haben die Aufgabe, die Ängste ihres Kindes zu erahnen und zu erspüren. Manchmal müssen sie hierfür fast das Gras wachsen hören. Daneben braucht es die klare Botschaft an die Kinder: Angst ist überwindbar und gehört zum Leben.
»Weißt du, als ich klein war, hatte ich große Angst davor, Erwachsene anzusprechen, wenn ich Hilfe brauchte oder etwas wissen wollte.« In diesem Satz liegt das Eingeständnis: Auch ich habe als Kind Ängste gehabt. Darin liegt aber auch die gute Nachricht: »Und ich habe sie überwunden.«
Eltern sind Menschen und damit auch nicht unfehlbar. Aus Angst oder Unvermögen hindern wir uns selbst daran, die für uns selbst nötigen Reifeschritte zu tun, projizieren unsere unerfüllt gebliebenen heißen Wünsche aus Kindertagen auf unsere Freunde, unseren Partner, auf unsere Arbeitskollegen oder sogar auf unsere Kinder. Wenn das Kind bereit ist mitzuspielen, geht das vielleicht sogar eine kurze oder auch längere Zeit lang gut, bis dann die große Enttäuschung kommt, weil es eines Tages die ihm zugewiesene Rolle nicht mehr weiter spielen will. Es fühlt sich möglicherweise unterschwellig genötigt oder hat mindestens das unklare Bedürfnis, endlich einmal es selbst sein zu wollen und nicht nur eine Figur in der Sehnsuchtsfantasie der Eltern.
In solche Fällen haben wir uns den Weg vom Sehen, Hören, Riechen, Fühlen und Schmecken des anderen zu unserem innersten

»Auch ich habe, als ich klein war, Angst gehabt.«

Kern verbaut: Wir nehmen ihn nicht wahr, wie er ist – sondern trüben unseren Blick durch unsere Wunschwelt. Auf diese Weise häufen wir Tag für Tag eine Menge Unheil auf, weil wir unseren Kindern Unrecht tun, indem wir sie durch unsere eintrübende Wunschbrille betrachten und in unser Wunschspiel verflechten. Wache Eltern versuchen darauf zu achten, wann und wo solche Wunschbilder entstehen, und sie unternehmen den Versuch, wenigstens ihre Vehemenz zu mildern.

Was Kinder stärkt, das sollten wir uns zur Aufgabe machen.

Viele kleine Schritte

Eltern können nur Versuche unternehmen, Wesen, Sprache, Funktion und Sinn der Ausdrucksformen kindlicher Angst zu verstehen. Zum Erfassen des tieferen Verständnisses von Angst bedarf es einer gewissen Intuition. Man kann lernen, auf sie zu achten. Ja, auch diese innere Welt ist wirklich. Besonders wenn wir Angst haben, müssen wir uns ihr zuwenden. Aber wir müssen dieser Welt auch einen Platz zuweisen, sie darf keine Ersatzwelt für die reale Welt werden.
Schwache wie starke Kinder brauchen einen sicheren familiären Rahmen, der über genügend positive Kräfte verfügt, um den Jüngeren in ihrem Bedürfnis nach Schutz zur Seite zu stehen. Es ist unsere Aufgabe als Eltern, Kinder zur sorgfältigen Wahrnehmung anzuleiten:
- Wie erkenne ich, dass es jemand gut mit mir meint?
- Wann kann ich jemandem vertrauen?
- Wie kann ich mich schützen?

Es ist wichtig, wenn sich Kinder Vorstellungen von den Gefühlen eines anderen machen können und mit den eigenen Gefühlen Rücksprache halten lernen. Es ist gut für das Zusammenleben, wenn sie spüren können, was der andere denkt, und wenn sie daraus eine angemessene Handlung ableiten können.

Mut tut gut

Wie können Sie Ihr Kind am besten ermutigen, sich den Ängsten des Lebens zu stellen?

Sie können es darin unterstützen, dass es seine Anlagen, Begabungen, seine Fähigkeiten, sein Wesen entfalten kann. Sie können dazu beitragen, dass günstige Voraussetzungen für deren weitere Ausdifferenzierung und Ausbildung entstehen. Indem Sie für das Kind altersgemäße Erfahrungsräume mit vorbereiten, steuern Sie dazu bei, dass das Kind bei seinen Selbstversuchen hilfreiche Begleitung erfährt, und so im Erleben der eigenen Wirksamkeit zu einer Persönlichkeit heranreifen kann. Begleitende elterliche Unterstützung, damit das Kind zu einer Persönlichkeit heranreifen kann, bedeutet immer auch Erziehung hin zu einem selbstständigen Leben. Die Einladung zu größtmöglicher Selbstständigkeit muss sich dabei natürlich am Alter und Entwicklungsstand des Kindes orientieren. Denn unablässig erweitert ein Kind seine Aktionsräume.

Schon die Bemühung, unser Kind zu erkennen, wie es ist, hilft.

Vor Gefahren schützen

Erziehung zur Selbstständigkeit erfordert vor allem, dass Kinder ihre eigenen Erfahrungen sammeln dürfen. Lediglich vor Erfahrungen, die eine ernste Gefahr für das Kind bedeuten, müssen sie bewahrt werden. Überbeschützende Begleitung trägt viel zur Entmutigung und zur Unselbstständigkeit bei. Dadurch können erhebliche Angstprobleme entstehen.

Eltern haben oft eine Sehnsucht danach, dass ihre Kinder ohne Kampf und Auseinandersetzung leben und groß werden können. Aber das Streiten und Kämpfen, das Ringen um eine Sache, um einen Entwicklungsschritt gehören zum Leben dazu, wie das Atmen auch. Natürlich haben wir Angst vor anstehenden Auseinandersetzungen, aber sie bieten uns auch die Gelegenheit, die Realität, zu der auch Konflikte und Auseinandersetzungen gehören, als eine Möglichkeit zu erfahren, die Weiterkommen und Entwicklung ermöglicht und diese eben gerade nicht verhindert oder vernichtet.

Forschen und Entdecken lassen

In keinem anderen Lebensabschnitt wird so viel Neues gelernt wie in der Kindheit. Mutig entdeckt und forscht ein Kind, es macht keinen Halt vor dem hohen Baum, steigt so hoch wie noch nie, spürt Angst, zögert, überlegt: Soll ich weitersteigen oder umkehren? Vielleicht klettert es runter und sagt: »Weiter trau ich mich noch nicht. So weit oben krieg ich Angst!« In diesen Worten drückt sich seine neu erworbene Fähigkeit aus, Angst- und Gefahrensituationen einzuschätzen.

Auf seinen von Neugier geprägten Wegen in die Welt lernt jedes Kind die biologisch bedingten Flucht- und Kampfreaktionen bei Angsterfahrungen kennen. Tag für Tag zeigen sich diese in vielfältigen Variationen auch in Kindergarten und Schule. Ein Kind begibt sich in eine gefährliche Situation, vielleicht wird es von einem größeren Kind bedroht. Instinktiv haut es ab oder schlägt drauf. Diese Verhaltensweisen erlebt es als befreiend, denn die Angstblockade hat sich aufgelöst. Es fühlt sich erleichtert und spürt die stabilisierende Wirkung seines Mutes. Es fühlt sich groß. Seine Autonomie ist gewachsen.

Diese Form von »Loslassen« höhlt die elterliche Autorität nicht aus, sondern fordert gerade, dass Eltern – nah am Kind – immer wieder neu erspüren, in welcher Weise das Kind sie im Moment als Orientierungs- und Grenzgeber oder auch als Richtungsweiser braucht.

Angst mahnt zur Vorsicht, macht wachsam gegenüber Gefahren.

Mutmach-Geschichten

Bücher, Hörbücher, Filme, Musik-CDs – es gibt eine Vielzahl wirklich guter Medien.

Ein anderer hilfreicher Weg sind viele Medien, die den Kindern Hilfe für ihre Lebenssituation geben, in dem sie die Lebenssituationen versprachlichen und nachfühlen helfen.

Kinderbücher sind durchaus auch für die Eltern geschrieben, weil diese beim Vorlesen oder beim Anhören einer CD in eine Haltung der Sicherheit wachsen. Viele Bücher, die die Lebenssituationen und Lebensfragen der Kinder behandeln, sind auch therapeutische Bücher für Eltern, versehen mit der Einladung, Gast zu sein in einer Haltung – auf das behandelte Problem bezogen – die dem Kind Sicherheit und Zuversicht vermittelt und Lösungsansätze aufzeigt.

Literaturhinweise für Kinderbücher

Boeck, Jutta/Felsmann, Ilka: Mama hat sich verliebt. Herder Verlag

Bollinger, Max/Wilkon, Jozef: Der Bärenberg. Bohem Press

Bräunling, Elke/Rarisch, Ines: Da wird die Angst ganz klein. Mutmachgeschichten. Lahn Verlag

Frey, Jana/Gotzen-Beek, Betina: Vom Großwerden und Starksein. 36 Bilderbuchgeschichte, die Kinder Mut machen. Loewe Verlag

Hille, Astrid/Schäfer, Dina/Garanin, Melani: Mächtig mutig! Ein Angst-weg-Buch. Oz Verlag

Jörg, Sabine/Kellner, Ingrid: Der Ernst des Lebens. Thienemann Verlag

Mai, Manfred: In der Schule. Warum-Geschichten. Loewe Verlag

Mechtel, Angelika: Leselöwen: Schulklassengeschichten. Loewe Verlag

Schneider, Liane/Wenzel-Bürger, Eva: Conni kommt in den Kindergarten. Carlsen Verlag